A dialética dos oprimidos

A dialética do oprimido consiste em um estranho comportamento que começou a ser observado pela primeira vez durante o caso do sequestro da filha do milionário Hearst no EUA, quando depois de muitos meses no cativeiro a filha sequestrada do milionário se apaixonou por um de seus algozes, despertando a fúria dos americanos.

Este fenômeno também chamado síndrome de Hélsinque consiste em uma total mudança de comportamento da vítima de violência muito grave e forte, que, para proteger a sua integridade psíquica, se perde a noção de que está sendo violentada psiquicamente e adere ao discurso de seu algoz, dessa forma assume o discurso de seu algoz e torna-se assim, sem querer, ou mesmo sem o desejar, ou mesmo sem o perceber, aliada de seu algoz.

Esse comportamento confunde muita gente porque se pode pensar que a vítima assumiu o discurso de seu algoz, ao contrário, ela o faz inconscientemente para tentar minimizar o seu martírio contra forças que não pode potencialmente se opor, dessa forma muda o seu ponto de vista e passa a assumir a postura e a ideologia do seu algoz.

Essa alienação pode ser percebida quando a vítima é de tal modo dominada pelo algoz que não consegue reagir psicologicamente, até a sua mente já se encontra totalmente dominada pela mente do seu algoz.

Os afromundiais extraterritoriais expatriados geralmente extremamente oprimidos se encontram atualmente sob essa violação psíquica, não conseguem identificar os seus algozes, nem sequer admitem que são violentados pelos seus algozes que os desprezam e deixam para os afrodescendentes os piores empregos e posições na sociedade não-afro.

Como os afromundiais assumiram o discurso do opressor acabam aceitando que os afros são mal sucedidos porque tem baixa instrução e baixa qualificação, são preguiçosos e reclamam demais.

A isso é que se chama a dialética do oprimido.

Antes da era da CrossMídia para ser famoso era preciso se destacar nos esportes, nas artes, nas ciências e na profissão.

Agora inventaram o Reality Show, que é capaz de criar celebridades do nada, que fizeram nada, basta a exposição ao crossmídia e pronto, celebridades do nada.

Quem vai querer estudar, se dedicar a um esporte, profissão, fazer uma grande descoberta, grande invento, se basta ser um exibicionista, agora que a crossmídia está aí para criar celebridades que nada fizeram de importante para o mundo. Apenas exibicionistas ambiciosos e vazios. Fama por nada.

Essa parece ser é a estratégia dos traficantes de droga brasileiros nos tempos de Estatuto da Criança e do Adolescente - Eca: "Procura-se jovem de 17 anos, 11 meses e 20 dias. Paga-se 100 mil para serviço pessoal. Segurança total, nem será submetido a regime disciplinar reeducativo, pois em dez dias estará completamente livre de punibilidade e com a ficha criminal limpa como veio ao mundo".

Toda essa insanidade começou com um desses programas humanitários criados por organismos internacionais no bojo de políticas ditas sociais e democráticas que visavam a humanização do mercado da sociedade industrial.

A ideia de proteção das minorias discriminadas e marginalizadas mereceu capítulos e declarações em suas defesas que viraram estatutos sociais obrigatórios das nações signatárias desenvolvidas envolvidas aparentemente na elevação do nível da civilização. Foi com essas pseudo-intenções que nasceram: a declaração universal dos direitos do homem, depois corrigida - pela fala do politicamente correto - para a declaração universal dos direitos da pessoa humana, nasceu também a declaração universal dos direitos da criança e do adolescente.

Sobre qualquer declaração universal de

direitos, deve-se pelo menos ponderar que o conceito de universalidade viola ou choca-se ao princípio do multiculturalismo.

Pela primeira vez na História nasce a categoria nova chamada adolescente.

O que é o adolescente: é um semi-indivíduo semi-adulto, semicriança, semi-sexuado, semi-independente, semi-responsável e semiprodutivo.

Assim o chamado adolescente, apesar de sua capacidade sexual, intelectual e produtiva de adulto, não pode casar, decidir ou produzir trabalho, por que é proibido pelo estatuto criado na ONU.

Justificado por duas falácias: o adolescente não tem maturidade para levar uma vida adulta, pois não está psicologicamente preparado para decidir e assumir as consequências de suas decisões; a outra falácia que é o oposto dela acredita que os adultos sempre sabem decidir e que sabem calcular perfeitamente os resultados e as consequências de suas escolhas e decisões na vida. Que bom seria se fossem verdades.

A verdade é que por mais maduros e experientes nunca teremos certeza das consequências dos nossos atos, até porque vivemos como no Dilema do Prisioneiro da Teoria dos Jogos: nunca teremos informações completas o bastante para termos certeza de que sempre escolhemos as melhores decisões.

Não bastasse esse fato, a teleologia da declaração universal dos direitos da criança é de que não é possível aceitar que países subdesenvolvidos e subescrupulosos utilizassem vantajosamente as crianças na produção para competirem no mercado com os seus produtos mais baratos, assim tiveram que ampliar a infância para além dos 11 anos de idade, criando pela primeira vez na História a categoria Adolescente.

O objetivo era comercial travestido de direitos humanos. Nas sociedades ricas do primeiro mundo o adulto somente se torna realmente produtivo entre 25 – 30 anos de idade, e isso pode se tornar uma grande desvantagem: mais tempo para ingressar no mercado produtivo, maiores salários, e mais tempo de investimento na formação de mão de obra, custos que países que empregam mão-de-obra adolescente certamente não tem.

Ocorre que há cerca de 2,5 milhões de anos até a década de 50 do século vinte homens e mulheres casavam e tinham filhos a partir dos 11 – 14 anos de idade, quando eram considerados jovens e não adolescentes, seus hormônios fervilhavam e seu cérebro permitia que discutissem teorias complexas como fizeram Isaac Newton aos 13 anos, Jesus Cristo, Copérnico, Galileu, Tycho Brahe e outros gênios que não foram privados de sua competência e potencial artístico, intelectual e sexual por que não havia a famigerada instituição da adolescência.

Todos nós sabemos que o ECA será banido, resta saber quando, e como será a saída honrosa para que os seus criadores possam sair livres de qualquer ação regressiva causada pela desastrosa e infeliz legislação.

A Competição

Lance Armstrong acusado no "maior esquema de doping da história do esporte"

Lance Amstrong na vitória da Volta da França, em 2004.

REUTERS/Stefano Rellandini

RFI

O norte-americano Lance Armstrong, vencedor sete vezes da Volta da França, ciclista da equipe US Postal (os correios dos EUA), "montou o programa de doping mais sofisticado já visto na história do esporte". A acusação foi feita pela Usada, agência americana antidoping.

Em documento divulgado nesta quarta-feira, em Washington, assinado pelo diretor Travis T. Tygart, a Usad fala em "provas irrefutáveis" da "utilização, posse e distribuição por Lance Armstrong de produtos para melhorar o desempenho" de atletas. As mais de mil páginas de documentos "confirmam a triste verdade sobre a fraude armada pela US Postal".

Esses documentos, colocados online no site da agência (www.usada.org), foram enviados para a União Internacional de Ciclismo, à Agência Mundial Antidoping e à Federação Internacional de Triatlo, esporte ao qual Armstrong se dedicou após deixar o ciclismo.

O diretor da Usada denuncia um sistema montado por "indivíduos que acreditavam estar acima da lei e que ainda têm grande influência no mundo dos esportes". Ele acrescenta que o órgão conseguiu testemunhos sob juramento de 26 pessoas, incluindo 15 ciclistas, "que tinham conhecimento das atividades de doping dentro da equipe".

Em agosto, Armstrong, sobrevivente de câncer de testículo, foi condenado a nunca mais participar de competições pela Usada, que também invalidou resultados que ele obteve desde 1° de agosto de 1998, incluindo as sete vitórias na Volta da França. Como a competência da Usada se restringe aos EUA, caberá à União Internacional de Ciclismo retirar oficialmente de Armstrong os títulos obtidos na França.

É preciso repensar este ritual fossilizado animalesco das olimpíadas internacionais que no final nada prova, a não ser as habilidades de se contornar os regulamentos antidoping, as artimanhas engendradas para burlar a natureza fisiológica sem quebrar as regras estabelecidas pelo COI, e enganar as nações subdesenvolvidas de eles estão seguindo as condições bioquímicas naturais do corpo humano e concorrendo em condições iguais, o que jamais aconteceu.

A ideia associada à competição darwiniana remete-nos de forma indireta, e sugestiva ao conceito de evolução.

Vemos muito correntemente o conceito de evolução das espécies na natureza associada de forma ideológica e teleológica ao conceito de competição no âmbito das ideias de Charles Darwin.

Evolução e competição são conceitos autônomos e dissociáveis, como queremos demonstrar.

A espécie humana continua dominante na natureza apesar da competição intraespecífica e interespecífica, porque os humanos aprenderam a cooperar entre si. É o que Durkheim conceitua de solidariedade mecânica e de solidariedade orgânica.

Foi a organização social humana baseada na cooperação que construiu e constituiu a estrutura da sociedade e eliminou o risco à sobrevivência, sem ameaças, da espécie humana.

Mas não foi sempre assim. Houve uma época remota onde como qualquer espécie animal ou vegetal os humanos tiveram que travar combates fatais para garantirem a sua sobrevivência, este processo de seleção agonística está associado ao conceito de seleção natural pela competição para a sobrevivência de Darwin.

A ideia central de Darwin, com as devidas vênias, fala-nos sobre uma enorme pressão a que os indivíduos das espécies estão submetidos em suas lutas pela reprodução dos mais aptos a sobreviverem em uma determinada circunstância devido às pressões ambientais.

O que Charles não questiona é porque pressões ambientais selecionam para melhor, o termo evolução das espécies sugere um aperfeiçoamento constante. Outra coisa que a teoria de Charles não questiona, entre outras tantas, é o tempo que leva determinada mudança genética para estabelecer uma vantagem que se converta em sobrevivência, em tempo de garantir a sobrevivência da espécie, que não deverá ser muito longo a ponto de inviabilizar a sobrevivência, e a tolerância aos erros cometidos durante os ensaios genéticos de mutabilidade fenotípica.

O que acontece com a fase de coabitação das duas variantes específicas na fase de transição: como se evitar que as espécies se cruzem anulando o efeito da divergência da plasticidade fenotípica e da neomutabilidade?

O meio ambiente é o tirano que modela e prescreve o formato final das espécies vencedoras. Isto implica em dizer que as mudanças ambientais determinam o desaparecimento ou a sobrevivência das espécies ao seu bel prazer, ao seu capricho como se fosse o engenheiro do universo.

 Este processo da seleção natural das espécies darwiniana estagnou diante da capacidade humana de adaptar o meio ambiente e modificá-lo e não o contrário, como vinha ocorrendo.

Darwin ao se especializar no estudo das espécies da ilha dos Galápagos deixou de considerar uma das grandes estratégias da capacidade de adaptação das espécies ao hostil ambiente que é o mecanismo de migração.

Isolados na ilha esta capacidade fica bem

limitada, mas nada impede que um fenômeno aleatório de migração acidental acabe por alterar as populações da ilha como, por exemplo, a migração furtiva de um grupo de animais navegando a esmo em um meio flutuante de fortuna, como um pedaço de árvore para longe do lugar de origem.

Então o desenvolvimento das habilidades humanas para lidar com o meio ambiente quebrou as expectativas de hegemonia completa da tirania da sobrevivência baseada na passividade com que as populações sucumbiam às adversidades ambientais.

Os humanos aprenderam a criar um microclima ao descobrirem o fogo, ao mitigarem as agruras das estações climáticas severas. Mas também, e principalmente, migravam.

Nem toda competição leva à evolução. Nem toda evolução nasce da competição.

Estaríamos a fazer uma regressão ao infinito ao considerarmos hipóteses de que espécies mais avançadas deixaram de sobreviver sucumbindo ao meio ambiente hostil. Mas é uma hipótese plausível, embora não comprovada.

O processo de seleção natural não seleciona necessariamente as melhores espécies, mas tão somente ajudam aquelas que melhor sobreviveriam ao clima hostil da competição, e numa competição nem sempre vence o melhor, outros fatores devem ser considerados, como a facilidade e rapidez da reprodução, habilidade de convivência social, número de indivíduos e capacidade de enfrentar os inimigos.

Como se vê, uma inteligência superior e ou uma organização social superior poderiam burlar estes obstáculos se colocando acima estrategicamente das demais espécies. Mas que chances teria a espécie humana contra os dinossauros gigantescos, e contra os mortais vírus como o HIV, por exemplo, naqueles tempos cretacianos?

Em verdade a tese da evolução darwiniana é uma fábula cheia de lacunas e conjecturas difíceis de serem compatibilizadas pela estatística, pelas possibilidades de alternativas que se colocam antes da consideração pura da possibilidade trazida pela mutabilidade genética para a garantia da sobrevivência das espécies às mutações do meio ambiente.

A competição entre as espécies se dá em campos e cenários distintos de batalha: no mar, nos lagos, em terra, pelo ar, ao nível microscópico e ao nível organizacional entre as estruturas sociais das espécies, no conhecimento do terreno, na capacidade de orientação espacial, na cultura organizacional, na habilidade de caçar, migrar, encontrar alimentos, de prever catástrofes, de resistência, do arsenal de armas como o veneno, chifres, carcaça blindada, furtividade, velocidade, agilidade, força bruta, tamanho, camuflagem, garras, presas, odores e finalmente, na estratégia inteligente dos seres superiores em inteligência.

Encontros agressivos entre animais.

Agonista

Deriva de uma palavra grega que significa lutar. Ele é usado para qualquer tipo de comportamento que envolva luta ou conflito entre dois animais, geralmente da mesma espécie. Comportamentos agonísticos incluem ameaça (sons, postura, ou até mesmo uma expressão facial sutil como olhar fixamente), agressão ofensiva (como perseguição ou mordida) e comportamento defensivo (incluindo agressão, fuga, sinais submissos, ameaça e mordida).

O termo é usado tanto em comportamentos predatórios como em antipredatórios, e conflitos intraespecíficos bem como interespecíficos, embora geralmente se use nos casos intraespecíficos.

O encontro de espécies nem sempre resulta em luta. Geralmente acontece a luta quando uma espécie se alimenta da outra espécie, ou há disputa sobre algum fator limitante.

Fator limitante é dentre todos os fatores ligados à sobrevivência da espécie, aquele que está presente em quantidades insuficientes para atender a todas as demandas e necessidades de todos os membros do grupo, ou que os melhores fatores estão distribuídos em quantidades e disponíveis escassamente, provocando a disputa pelo privilégio ao seu acesso e usufruto.

A competição resulta necessariamente em vencedores e consequentemente em perdedores, o que não excluem novos e repetidos encontros no cenário de batalha.

Por isso nominado agonístico, por que necessário a solução do conflito irresoluto. O que se daria com o afastamento da espécie perdedora ou do seu desaparecimento pela extinção.

Vencida esta etapa na consolidação da espécie humana a competição pela sobrevivência já deveria ter desaparecido da nossa sociedade. Mas, a competição permanece atávica como marca da pujança e do estímulo ao processo evolutivo.

A sociedade humana não precisa mais reproduzir o comportamento agonístico. Este modelo foi superado pela inteligência superior humana que abortou o processo de seleção natural na nossa espécie pelo domínio do meio ambiente, modificando-o, e domando as intempéries a ponto de podermos sobreviver no espaço sideral, ou no fundo do mar dentro de naves e de submergíveis que superam as intempéries e armadilhas mortais do meio ambiente.

Para que servem as competições modernas: para mostrar ou selecionar os espécimes mais aptos à sobrevivência da espécie?

Não precisamos mais deste tipo de seleção genética. As competições são resquícios neandertais do comportamento fossilizado na sociedade sobre os quais não refletimos com a devida curiosidade científica.

De que nos serviria saber que Usain Bolt é capaz de fazer 1oo metros em menos de 9 segundos se um automóvel faz isto facilmente? Para selecionar os descendentes para melhor fugirem dos grandes felinos? Os grandes felinos estão devidamente confinados em semiflorestas ou nos zoológicos, quiçá em circos e fazendas para satisfazer a curiosidade e aventuras dos humanos, não nos oferecem risco algum diante de um fuzil AR16 ou de uma granada que os reduziria a um monte de carne moída em segundos.

As competições, como diria o Baron Pierre de Coubertin, servem apenas para ritualizar a era em que o ser humano precisava agonizar diante da natureza e provar as suas habilidades físicas mais do que as intelectuais.

Foram cerca de 6870 os participantes dos últimos jogos de verão internacional, mas apenas 3% receberam as medalhas de ouro, foram cerca de 97% dos melhores atletas do mundo derrotados de volta para casa. Em média são cerca de 13mil atletas disputando cerca de 400 modalidades, sendo que cerca de 30 países não ganham uma medalha sequer.

As olimpíadas são uma verdadeira fábrica de derrotados! Em que isto contribui para a solidariedade entre as nações, conforme protagonizam os seus organizadores, se serve apenas de palco para a demonstração de superioridade das superpotências que tem nos demais países participantes apenas um palco qualificado para a exibição de sua vaidade e supremacia?

São apenas confirmações de suas superioridades genética, econômica, organizacional, nacional, política, militar e técnica?

É preciso repensar este ritual fossilizado animalesco das olimpíadas internacionais que no final nada prova, a não ser as habilidades de se contornar os regulamentos antidopping, as artimanhas engendradas para burlar a natureza fisiológica sem quebrar as regras estabelecidas pelo COI, e enganar as nações subdesenvolvidas de eles estão seguindo as condições bioquímicas naturais do corpo humano e concorrendo em condições iguais, o que jamais aconteceu.

A espécie humana não precisa deste tipo de seleção natural. As competições somente produzem perdedores e derrotados em número muito maior do que de vencedores, que, aliás, nada representam em evolução para a espécie humana, por que as condições onde se formam os vencedores são tão difíceis de serem reproduzidas naturalmente que já deixaram de ser representantes da espécie humana.

Todos os dias sinto a sensação de ter sido roubado, mas certamente estou sendo enganado todos os dias aqui no Brasil, disto eu sei.

No peso, no volume e na qualidade todos os produtos encontrados no comércio são fraudados, adulterados, corrompidos.

Nada está de acordo com as indicações ali colocadas na embalagem.

Para se obter quaisquer serviços deles os prestadores se escondem em exigências contraditórias e inescrupulosas, vazias e óbvias. Quer ver uma: se eles te pedem um atestado de residência apenas aceitam as contas de luz e de água.

Mas quem forneceu o endereço para as empresas que fornecem luz e água poderem te fornecer o comprovante de endereço foi o próprio cliente o qual volta

lá depois para pegar o seu comprovante
das informações do endereço que ele
mesmo forneceu e que não seriam válidas
sem o comprovante de seu endereço. Pode
isso?

Já tentou cancelar um serviço? Academia
de ginástica, tv assinada, linha telefônica,
curso de línguas? Eles te acusam de não ter
acreditado que era um contrato escravo e
que você é adulto o suficiente para
entender que o contrato era tacitamente
eterno, e que se você os deixar vai ter que
indenizar a empresa prestadora pela sua
desistência. É pior do que divórcio em
regime de comunhão de bens.

Serviços públicos: você está reclamando
de algo que é de graça, é muita arrogância
reclamar de presente dado, não acha?

Os políticos depois de eleitos nunca mais
querem ouvir o eleitor, afinal qual é a
prova de que o reclamante realmente deu o
seu voto para ele, pois o voto é secreto e
não há comprovante do voto no candidato,
então ele presume sempre que você não
votou nele e diz que está ali servindo à

comunidade toda e não à pessoas individualmente, isto seria favorecimento, clientelismo e corrupção!

Nunca compre produtos pelo catálogo, muito menos pela internet. No Brasil de Macunaíma desconhecem-se contratos, prazos e direitos.

Palavra, tradição, compromisso só no cartório, registrado e com testemunhas. Se você não é menor de idade tem de responder pelos compromissos assumidos sem direito à desistência mesmo que não tenham sido consumados: pegou, tocou, olhou tem que pagar!

As mulheres, os jornalistas, as criancinhas e os índios são tutelados pelo sistema jurídico, são as vítimas da vez, tudo que eles disserem contra você será reduzido a termo sem os direitos ao contraditório, à presunção da inocência, sem direito ao devido processo legal e sem direito à ampla defesa. você está no mínimo liminarmente indiciado penalmente se os ferir, o ECA, os direitos da terceira idade, Lei Maria da Penha...etc.

Se for para as ruas reclamar, reivindicar, se manifestar te espera lá a polícia de choque. Oposição política é tomada como golpe de Estado, no mínimo, reclamação de perdedor ou tomado como o terceiro turno das eleições. Derrotados nas eleições não reclamam, não tem vez, não tem razão, presume-se sempre que são despeitados e que não sabem perder nem reconhecerem a sua derrota nem o vencedor.

Os adversários políticos são tratados como inimigos, os pobres sofrem penas severas por pequenos delitos, os ricos quando chegam à condenação apenas sofrem comutação das penas ou encarceramento simbólico, fugaz e luxuoso.

Corruptos e criminosos são apenas aqueles distraídos que se deixam apanhar no dolo ou na culpa. Vergonha não é cometer crime, vergonha é ser apanhado ou descoberto cometendo algum delito.

Quando o culpado pelo crime é a autoridade então o agente da lei que a prendeu é punido, ou afastado, ou deportado.

Aí, caso a autoria do crime seja da autoridade, o delito vira desvio, o indiciado vira pseudo-acusado, o culpado vira inocente, a polícia vira perseguidor político e a lei vira injustiça!

Para isso se criam novas leis a uma taxa de 1500 novos artigos por ano, com isso já acumulamos mais de 5.550 mil dispositivos legais e a Constituição Federal exige que todos os cidadãos tenham a obrigação de não desconhecer as leis!

Nas filas nos bancos, nos supermercados, nos cinemas, nos hospitais tudo comprova que a lei de espera nas filas é desrespeitada, desvirtuada, manipulada, destorcida quando os vovôs de aluguel e deficientes físicos, além das gestantes são usados para furar as filas pelos próprios dependentes e parentes deles que tirando proveito dos privilégios nas filas especiais, corrompem totalmente a finalidade da lei que criou estas facilidades para os deficientes físicos, idosos, grávidas, pessoas com crianças de colo, cadeirantes e usuários de próteses e aparelhos de locomoção auxiliar.

A Contrarrevolução: O Fim do Socialismo

O antimanifesto comunista de Heinrich K
M

I – O Fim do Socialismo

"A História jamais se repete: a não ser
como farsa" (Marx, apud Proudhom).

Precisamos de uma nova revolução.
Talvez, de uma contrarevolução socialista.
Talvez de uma revolução diferente.

Fazendo-se o balanço da experiência
revolucionária socialista mundial iniciada
com a publicação de "O Manifesto
Comunista" de Heinrich Karl Marx em
1848, não há mais como defender-se a
repetição da malsucedida experiência da
ex-URSS União das Repúblicas Socialistas
Soviéticas e de seus Satélites comunistas;
mais ainda: as contrarrevoluções
socialistas materializadas nas experiências

inacabadas das Sociais-democracias e dos

Estados de Bem-estar Sociais.

O materialismo histórico sepultou para sempre o Socialismo, aliás, com fora profetizado por Marx em 1848.

O balanço da experiência da revolução da esquerda, no mundo inteiro, aponta para o fracasso da estratégia da revolução que conduziria ao comunismo, se fosse bem sucedida, a qual cumprira os objetivos-fases colimados por Marx:

a) Superação da burguesia;
b) Implantação da Ditadura do Proletariado;
c) Fim da Luta-de-classes, Fim do Estado;
d) Implantação do comunismo anárquico.

II – Tese e Antítese

O que aconteceu?

Antes de tornar-se hoje uma classe (no sentido marxista de classes sociais) reacionária, a burguesia fora uma classe revolucionária. A burguesia fora uma classe revolucionária no Séc. XIV. Revolucionou a História social ao superar e destruir toda a estrutura baseada na suserania e vassalagem do Feudalismo.

Com o fim do Sistema socioeconômico Feudal, de toda a sua estrutura e superestrutura, sua organização e ideologia teocrática, substituídas pelas monarquias, e depois pelas repúblicas, para finalmente, serem substituídas pelo sistema de democracias de todo gênero.

O sistema Feudal de economia fechada e autóctone fora substituído a princípio pelo Mercantilismo e Colonialismo.

O Mercantilismo Imperialista colonial foi superado pela Revolução Industrial, que inspirada pelo Iluminismo, tal qual o movimento de Renascença e do movimento Humanista antropocêntrico foram importantes para nortearem e superarem a Idade Média.

A Revolução Industrial abriu o seu caminho apoiada na Revolução Científica que se materializou em descobertas e invenções, como, por exemplo: as máquinas a vapor, a eletricidade, e o petróleo.

Com isto, esse ambiente antiparadigmático, positivista, tecnológico, ateísta, cético, libertário proporcionou a expansão demográfica, melhor seria dizer explosão demográfica e cultural, a urbanização, o nacionalismo, a criação de uma burguesia industrial e financeira que se uniu à burguesia comercial nascida antes, durante o Mercantilismo, consolidando o capitalismo-liberal-ocidental-democrático-cristão.

Incorporando-se aos comerciantes e artesãos burgueses as novas categorias profissionais dos operários assalariados e camponeses formaram um complexo de mão de obra ao qual Marx chamou de proletariado, sumarizando-os em duas categorias analíticas dialeticamente opostas: proletários e capitalistas. Estava formado o par antitético fundamental da teoria marxista sobre o Capitalismo.

Em oposição às relações feudalistas, as quais eram construídas pelas bases tradicionalistas de laços de lealdades e fidelidades primárias, estas novas classes marxistas criadas firmaram-se nas relações burocráticas baseadas em contratos de trabalho que não se sustentavam apenas na lealdade, nem em fidelidades, mas em obrigações, direitos e deveres estatuídos em leis entre os proletários e os capitalistas.

Para suportar tais contratos foi necessário reformular o arcabouço jurídico através da constituição de novas leis e de novas instâncias jurisdicionais: os tribunais de

justiça dos Estados de Direito Laico
nacionais e no foro internacional.

No diagnóstico marxista, os proletários
eram vítimas da exploração assimétrica do
capital pela classe burguesa. Em geral, os
proletários assalariados deveriam libertar-
se do jugo e do jogo de exploração da
classe dominante.

A maior libertação do proletariado, nos
dias atuais, foi a consciência de classe
autônoma, classe-para-si, com identidade
de instituição.

A desvitimização do trabalhador agora
livre de culpa da exploração capitalista, e
libertos do estigma da exploração
unilateral e inescrupulosa que não cabe
mais nos dias atuais, através do contrato
social, que fora insculpido nas leis sociais,
deixando na retórica marxista antiga a
vitimização dos coitadinhos, explorados e
vítimas do capital e do sistema de
exploração de mão de obra capitalista.

O contrato de trabalho os redimiu de culpa, estabilizou relações trabalhistas, através de mecanismos institucionais como: rede de proteção social, contrato coletivo de trabalho, substituto processual, associações de classe, sindicatos e federações de trabalhadores, partidos trabalhistas, amenizando, minimizando e atenuando a exploração em uma relação contratual menos assimétrica a ponto de atualmente a contrarreforma social-laboral discutir a redução dos ônus da mão de obra para os patrões e para o custo marginal dos produtos e serviços que demandam mão de obra.

O trabalhador atualmente não é um mero insumo, e nem um objeto de consumo capitalista.

O papel do Estado cada vez mais é o de: estabilizar os contratos trabalhistas, fornecer a garantia das leis, exercer o monopólio da violência legítima através da coação e coerção, garantir os contratos.

Ao par disto, assumiu o Estado o papel de alavancar o desenvolvimento econômico e social, cuidando e garantindo o usufruto e a disponibilidade dos bens intangíveis, dos bens de mérito, dos bens de capital, dos investimentos trans-horizontes de retorno duvidoso, dos investimentos e empreendimentos economicamente inviáveis, porém necessários à nação, visando a distribuição social do acesso à saúde, educação, segurança, igualitarismo e justiça.

Durante muitas décadas combateu-se o inimigo errado. Fruto do erro de diagnóstico. Nunca existiu o capitalismo internacional, nunca existiu o proletariado internacional, nem nacional.

Nunca existiu a conspiração ou a orquestração capitalista contra a classe trabalhadora.

Ao invés disso, assistimos a uma
competição feroz entre os capitalistas,
competição intraclasse, extraclasse e
interclassista.

Porquê os capitalistas do sistema
financeiro são os algozes dos capitalistas
industriais os quais reclamam eternamente
da exploração dos banqueiros no
fornecimento de garantias para o
financiamento do capital de giro e do
capital formador e indutor dos negócios.
(investimentos e empreendimentos).

Da mesma maneira que os industriais
reclamam dos banqueiros, os comerciantes
atacadistas reclamam eternamente da
exploração dos contratos leoninos abusivos
que os fabricantes lhes impõem.

Os capitalistas descapitalizados reclamam,
enquanto produtores isolados, da
exploração que os atravessadores, na
realidade, atacadistas ou intermediadores,
que muito mais capitalizados, os

submetem, reduzindo a sua autonomia
administrativa.

Os pequenos comerciantes e os
consumidores, fragmentados e atomizados,
dificilmente conseguem se impor às
condições de aquisição de mercadorias no
final da cadeia de produção e consumo
desde a matéria prima até o produto
acabado.

Assim, no topo da cadeia de produção
capitalista figuram os banqueiros maiores,
que tutelam os menores, que financiam e
irrigam de capital monetário e creditício
todos os elos da cadeia de produção e
suprimento-consumo desde a concepção do
negócio, passando pela matéria-prima até a
pós-venda e o pós-consumo final.

Como foi possível se acreditar por tanto
tempo na existência de um grupo
monolítico, orquestrado e orquestrando,
conspirando, conspurcando, organizando a
expropriação capitalista com o objetivo de

oprimir o proletariado?

Somente a paranóia marxista poderia
produzir teoria tão prosaica e
extravagantemente conspiratória,
conspurcando a verdade e a lógica,
atropelando a realidade dos fatos objetivos,
sem nenhuma confirmação na História.

Como acredito na honestidade de Heinrich
Karl Marx, e em sua boa fé, apenas posso
creditar tal comportamento do Mestre à sua
ignorância com relação à Teoria dos
Sistemas Gerais.
As três teorias conhecidas que tentaram
explicar o mundo como um todo trabalham
com cenários diferentes, e variáveis
independentes idem.

Chegam à diferentes inferências: A Teoria
do Sistema Mundo, de Immanuel
Wallerstein, a Teoria do Imperialismo, de
Rosa de Luxemburgo, e a sua variante, a
Teoria da Dependência, de Faletto e
Cardoso, e, a Teoria dos Sistemas Gerais,

de Bertalanffy.

O que está em risco não é a classe trabalhadora, mas sim, o trabalho humano está ameaçado de superação pela tecnologia da Cibernética, da Informação e da robótica e máquinas inteligentes, segundo a previsão correta de Marx, porém antes disso se concretizar, o modo de produção capitalista financeiro-industrial deveria passar pela etapa da superação socialista, através da revolução do proletariado.

O que aconteceu de errado, ou de imprevisto, foi o fracasso da revolução socialista e com ela ficaram obsoletas, superadas e anacrônicas, consequentemente, inúteis as categorias analíticas ontológicas sobre as quais se constituíram o marxismo, que são: (seriam)

a) A Internacional capitalista;
b) A classe proletária;
c) A classe burguesa nacional e

internacional;

d) A ditadura do proletariado.

Tais categorias analíticas ontológicas teóricas do marxismo não resistiram ao teste do materialismo histórico.

O conceito sociológico de classes está subjacente ao conceito antropológico de instituição.

Uma instituição social é um conjunto de expectativas de comportamento cognoscíveis.

Assim as classes marxistas (classe proletária e burguesa) não se enquadram nesta categoria antropológica, nem no conceito de instituição.

III – As Classes Sociais

O teste de classe consiste em verificar a existência de expectativas de comportamento cognoscível, Isto é: comportamento homogêneo ou convergente. Por exemplo: quer-se provar a existência da classe trabalhadora.

A classe trabalhadora caracteriza-se e
constitui-se através de uma relação entre
empregado e patrão, ou entre o trabalhador
e a sua chefia ou dirigente, vinculando-se
um ao outro através de um contrato entre
as partes.

O contrato é uma lei entre as partes que
atribui obrigações, direitos e deveres que
não podem ser alterados unilateralmente
nem autonomamente por qualquer das duas
partes do contrato, exceto mediante
acordos subordinados às leis estatuídas
pelo Estado.

Para este acordo vigir este deve estar de
acordo com as leis do Estado. Caso haja
conflitos, dúvidas ou restrições neste
contrato o Estado oferece para isso o poder
judiciário para julgar e mediar o conflito
de interesses.
A grande dificuldade para encontrar-se um
ponto comum que caracterize uma classe
reside na natureza multifiliada dos

indivíduos.

Para pertencer a uma classe social o
indivíduo deve coerência e lealdades
primárias a esta classe e seguir os seus
estatutos, escritos ou costumeiros.

Acontece que um mesmo indivíduo deve
lealdade, por este princípio, aos diferentes
grupos e classes a que pertence ou
frequenta, simultaneamente: deve lealdade
ao seu clube de futebol, à sua família, à sua
etnia, à sua cultura ou subcultura, à sua
crença religiosa, à sua sexualidade de
gênero, à sua profissão, à sua categoria de
escolaridade, à sua nacionalidade, à sua
naturalidade, às suas amizades, à sua
ideologia, ao seu partido político, enfim,
em resumo aos status a que faz jus.

Como seria possível a um mesmo
indivíduo prestar tantas lealdades a cada
um destes grupos e classes a que pertence
simultaneamente sem entrar em conflito
consigo mesmo e com estes grupos e

classes? Como evitar tanta contradição?

Isto acontece o tempo todo. Portanto, o
teste de classes refuta o próprio conceito
de classe enquanto instituição.

As classes poderiam existir somente de
forma condicional, contingente e
transitória. As classes são entidades
virtuais e não instituições reais.
Uma classe só possui existência
institucional fazendo-se as devidas
simplificações dentro do processo
metodológico de controle e abstração de
variáveis, como exige a metodologia
científica empiricista positivista.

Abstrair variáveis significa simular
condições ideais eliminando-se do cenário
de observação as interferências não-
desejáveis, embora ali presentes, de fato.
Condições estas jamais encontradas no
mundo real, onde não se poderia controlar
o ambiente experimental, garantindo-se as
condições ideais de certas abstrações

irreais.

A divisão social em classes não passa de uma dessas abstrações dentro de um constructo teórico apenas para argumentar, dentro de um quadro hipotético dedutivo distante da realidade.

A divisão da sociedade em substratos não permite atribuir às divisões socioestruturais em categorias econômicas, etárias, sexual, escolaridade, localização geográfica, para indicar tendências e previsibilidade de comportamento social, porque o indivíduo permeia todas estas categorias..

O resultado do teste de classes assim como o da estratificação socioeconômica estrutural sobre a existência das classes refutou a possibilidade da existência delas.

Teóricos de esquerda com Robert Mitchells verificaram que a constituição de qualquer grupo, com observou no Partido Social Democrata alemão, acabou gerando

uma elite dirigente que inicialmente
constituída de iguais acaba se destacando
do restante do grupo pela obtenção para si
de privilégios, passando a ser opressora,
dirigente, burguesa.

Mitchells chamou a este fenômeno de "Lei
de Bronze das Oligarquias". Isto destrói o
conceito de classe proletária.

IV –Materialismo Histórico

As crises do capitalismo geradas de suas
próprias contradições internas não foram
suficientes para destruí-lo, propiciando a
abertura para a sua superação histórica
pelo Socialismo.

A simples ocorrência de crises dentro do
capitalismo não sinaliza o seu fracasso se
estas crises não forem suficientes para a
sua autodestruição.

Crises que não são terminativas não
investem a favor do Socialismo. Tais crises
servem apenas para reafirmarem a
capacidade de transformação, de adaptação

e de sobrevivência do Capitalismo e
reafirmar a sua perspectiva de
continuísmo.

V – Ameaças Concretas

A refutação dos paradigmas e constructos
da teoria marxista, o encerramento da
experiência socialista real refutada pelo
materialismo histórico deixou como
ameaça concreta aos trabalhadores a
ameaça do fim do trabalho humano como
valor, com mercadoria, no sistema
capitalista.

Com o advento da tecnologia ATM
Automated Teller Machine em 1980
(terminais bancários eletrônicos
automatizados), cerca de 100 mil bancários
viram os seus postos de trabalho evaporar
e nunca mais repostos nos bancos.

É a tecnologia e automação que ameaçam
os empregos. Os inimigos são: a tecnologia
da informação, a automação, a robótica, a

inteligência artificial, em lugar da luta-de-
classes, esta última sepultada pelo
materialismo histórico e pela
epistemologia da última revolução.

VI – Trabalho Humano versus Automação

Ao avaliar a competição do trabalho
humano e a automação existem aspectos a
considerar nas perspectivas da eficácia e da
eficiência.

a) O trabalho humano pode ser eficiente,
mas pode não ser eficaz;
b) O trabalho produzido pela automação
pode ser eficaz, mas pode não ser eficiente.

Ainda não foi possível verificar-se a
viabilidade econômica de aplicação da
tecnologia da informática, da
automatização, robótica e inteligência
artificial.

Os custos financeiros destas tecnologias
são inviáveis por que:

b.1) A automação, a robótica, a tecnologia da informação, a inteligência artificial requerem um alto investimento em aquisições, implantação, implementação, manutenção, e de treinamento-reciclagem de pessoal;

b.2) A automação, a robótica, a tecnologia da informação, a inteligência artificial ficam rapidamente obsoletas e requerem uma constante atualização a prazos cada vez mais curtos, os quais implicam em (b.1).

A experiência da automação no Jornal norteamericano Washington Post e na fábrica Toyota demonstram que os custos em TI, robótica, automação e IA crescem de modo exponencial e completamente imprevisíveis, tornando-os inadministráveis.

Por que as empresas continuam agindo assim em busca da automação?

a) Por que as empresas concorrentes,
também o fazem;
b) Por que a qualidade e rapidez da
produção são incomparáveis à habilidade
humana;
c) Por que o trabalho humano não pode
superar a qualidade, capacidade,
velocidade e precisão destas tecnologias.

Como romper com estes paradigmas é uma
questão a ser resolvida.

VII – Conclusões

Superados os instantes de hesitação do
passado, derrogados pelo materialismo
histórico, e submetidos ao método
dialético, apoiados pelo princípio do devir
constante e contínuo da História é que se
buscará superar e transcender ao discurso
fácil da desculpa da vitimização da
pseudoclasse trabalhadora explorada no
insustentável e inexistente conflito de
classes.

Assim, foram sepultadas ilusões e desculpas pelo materialismo histórico, as certezas de que o trabalhador é vítima de :

a) Exploração pelo capitalista;
b) Coitadinho;
c) Ingênuo;
d) Inocente vítima do sistema capitalista.

VIII – Propostas

1 – Superar os conceitos teóricos desalinhados e destituídos pelo materialismo histórico;
2 – Superar as categorias analíticas já desconstruídas pelo materialismo histórico;
3 – Superar todas as previsões e consequências auguradas pelos constructos teóricos e pelas categorias analíticas refutadas pelo materialismo histórico e pela epistemologia.

Assim, poder-se-ia pensar em constituir-se um consenso, sabendo-se que os conflitos de interesse são estruturais, inerentes, pontuais, contingentes às relações sociais, características ao sistema social e aos seus processos, porém, superáveis, pois são inevitáveis e permanentes, podendo ser construtivos uma vez que podem ser a motivação de mudanças sociais, deste modo de ver, construtivos na perspectiva estruturalista, conforme previu Marx, na perspectiva dialética da busca de síntese haurida do conflito gerado das contradições do próprio processo antitético.

Construir a unidade apesar da adversidade e da diversidade, e, a partir das diferenças, das contradições e dos conflitos, que, não podendo ser eliminados na sociedade pois, constituem a matéria-prima da mudança e evolução social.

O conflito, na perspectiva estruturalista, é dialético, é o principal motor das transformações, inspirador da evolução, revolução e reformas sociais.

I – A tatuagens são ingênuas ou inocentes,
ou são o Raio-X da personalidade?

Qual seria o significado de um desenho de
tatuagem ingenuamente, displicentemente,
inocentemente, descompromissadamente,
despretensiosamente, casualmente aplicada
sobre a pele de uma pessoa? Pode este
signo revelar algo sobre a sua
personalidade, como um ato-falho
psicanalítico freudiano típico?

 Ao se analisar o enorme prejuízo
patrimonial, profissional, emocional ou
político causados por uma tatuagem de
risco, que do contrário deveria
proporcionar apenas uma diversão ou uma
simples adesão a um modismo ou pendor
estético discutível ou não quanto ao bom
gosto da escolha, ao contrário, vem em
contrapartida trazer uma revelação
indiscreta como um imenso outdoor
anunciando muito mais de sua
personalidade do que as pessoas que se

expõem imaginariam, então vamos comparar e identificar as tatuagens que produzem um potencial de informações das qualidades intrínsecas para chegar-se a uma avaliação estimada de uma exposição da sua personalidade e tendências de comportamento valiosas para o seu futuro chefe, patrão, parceiro ou amigo.

Quais são os parâmetros para se avaliar os quesitos de apreciação de uma tatuagem eficazmente?

- Mauss supera Durkheim: Aperfeiçou a Sociologia a partir de dentro; Radicaliza a ideia de que a sociedade é uma totalidade ligada por símbolos. "As palavras, os cumprimentos, os presentes, solenemente trocados e recebidos, e aos quais se deve obrigatoriamente retribuir sob pena de conflito, o que são senão símbolos?" (Mauss).
- Defende que a separação categórica conceitual primitiva é melhor expressa em

simbólico/utilitário do que
sagrado/profano.

- Fatos sociais não são 'coisas', mas
  símbolos.

- Fatos sociais são Fatos totais

- Cultura é toda a maneira de fazer, pensar e
  de sentir externas ao indivíduo e que é
  suscetível de exercer sobre ele uma coação
  (acrescentou a liberdade).

O corpo é uma síntese da cultura, porque
expressa elementos específicos da
sociedade da qual faz parte. O ser humano,
através do seu corpo, vai assimilando e se
apropriando dos valores, normas e
costumes sociais, num processo de
inCORPOração (a palavra é significativa).

Mais do que um aprendizado intelectual, o
ser humano adquire um conteúdo cultural,
que se instala em seu corpo, no conjunto
de suas expressões.

Para discutir com mais profundidade estas questões, utiliza-se um referencial cultural.

Não podemos imaginar um ser humano que não seja fruto da cultura e também não podemos imaginar um corpo natural.

Portanto, qualquer adjetivo que se associe ao corpo é fruto de uma dinâmica cultural particular, e só faz sentido num grupo específico. O ser humano só chegou ao seu estágio atual de desenvolvimento devido a um processo cultural de apropriação de comportamentos e atitudes que, inclusive, foram transformando o seu componente biológico através da plasticidade genética no processo evolutivo.

(Efeito (hipotético) da plasticidade fenotípica é que duas populações clonais (genéticamente idênticas) expostas cada uma à diferentes desafios ambientais, apresentam respostas (no decorrer das gerações) diferentes entre si a fim de sobreviver e se perpetuar em ambos os ambientes.

A plasticidade fenotípica confere ao indivíduo a habilidade para responder às diferentes condições ambientais.

Não é possível desvincular o indivíduo da sua cultura ou da cultura em que está imerso. O que o diferencia de outros animais, principalmente a sua capacidade de produzir cultura. Cultura essa que não é um ornamento, um algo a mais que se sobrepôs à natureza animal. A cultura foi a própria condição de sobrevivência da espécie. Portanto, pode-se dizer que a natureza do ser humano é ser um ser cultural {GEERTZ, 1978).

Estamos falando das técnicas corporais que Marcel Mauss, um antropólogo francês, definiu, já na década de 30, como as maneiras de se comportar de cada sociedade.

Mauss considerou os gestos e os
movimentos corporais como técnicas
próprias da cultura, passíveis de
transmissão através das gerações e
imbuídas de significados específicos.
Técnicas corporais culturais, porque toda
técnica é um hábito tradicional, que passa
de pai para filho, de geração para geração.
Segundo ele, só é possível falar em
técnica, por ser cultural (MAUSS, 1974,
v.2).

O sentido de Cultura Corporal que se
utiliza parte da definição ampla de Cultura
e diz respeito ao conjunto de movimentos e
hábitos corporais de um grupo específico.
E nessa concepção que se pode afirmar que
não existe um discurso puro do corpo. O
corpo não fala sobre o corpo, será apenas
mais um discurso sobre o corpo.

Em uma dada época, num determinado
contexto, um discurso prevalece sobre o

outro. Em outros termos, não há corpo livre, mas discursos sobre corpo livre; não há corpo consciente, mas discursos sobre corpo consciente.

KOFES (1985) discutiu de forma pertinente esta questão do discurso do corpo X discurso sobre o corpo, afirmando que é necessário manter as seguintes indagações quando se aborda esse tema: "(...) o que a sociedade está afirmando dos corpos? que corpos? que individualidades? que sociedades?"(p.57).

Continuando, Mauss diz que é próprio da natureza da sociedade exprimir-se simbolicamente em seus costumes e em suas instituições; contrariamente, as condutas individuais normais jamais são simbólicas por elas mesmas: são elementos a partir dos quais um sistema simbólico, que só pode ser coletivo, se constrói.

É que a cultura é um sistema simbólico e

um sistema simbólico, por sua vez, é uma construção coletiva porque não se pode simbolizar sozinho.

Cada sociedade decide o que é tolerado para si, o que é proibido, o que é aceitável, o que é decente ou imoral e em função desta classificação é que alguns indivíduos podem ser considerados delinquentes, loucos, imorais, impróprios, ímprobos, desonestos e inadequados ou loucos, pois não correspondem aos padrões engendrados pela sua cultura.

Todos os níveis, biológicos/psicológicos, sociológicos, históricos, econômicos, jurídicos, etc... são constitutivos de uma determinada sociedade e devem ser apreendidos em seu conjunto, de modo integral e holístico.

- Tipos de motivos básicos de figuras tatuadas de acordo com o grupo-típico de personalidade proposto pelo Psicólogo russo ..... Sergei Tchakhotine

III – Segunda Parte

 Análise das escolhas iconográficas ou signáticas das tatuagens.

Quando o desenho ou figura das tatuagens pertencerem aos itens:

a) Personalidade extremamente agressiva, dominante, fria e imparcial.

b) Personalidade organizadora, mediadora, metódica e formalista.

c) Personalidade leve, solta, sentimental, emocional e sensível.

d) Personalidade materialista, racional, minimalista, prática e pragmática.

Estamos chegando lá. O inferno está dominando o paraíso terrestre em nome do politicamente correto.

Quem tem mais de 30 anos de idade sabe do que estou falando. Misturam expectativas e crenças com informações pseudocientíficas.

Pseudocientificismo é uma área que rejeita qualquer tipo de controle metodológico da Ciência.

Desde que Karl Popper criticou os métodos científicos dedutivistas, indutivistas e reducionistas, a metodologia científica deu soluços e cambalhotas no ar até cair no total alvoroço da fase de transição onde o velho não morreu para dar lugar ao novo que não foi recebido na cidade científica. É o limbo do conhecimento interparadigmático.

Acontece que Karl Popper afirmou em seu tópico de refutacionismo que qualquer conhecimento ou teoria pode ser provada e validada, basta procurar os elementos probatórios e comprobatórios adequados, dados e fatos que os comprovem, e isto é muito fácil para aquele tipo de pesquisador imediatista e determinista.

Inconformado com este rumo, Karl propôs que toda teoria precisa passar pelo teste da refutabilidade, isto significa que toda teoria deverá falhar em algum momento de seu teste de afirmação. Se isto não acontecer é porque acontecerá em um futuro certo. Assim ficou assentado que todo conhecimento é precário e transitório, a única coisa definitiva em Ciência é a mudança.

Tudo é válido até que uma nova informação torne a informação corrente obsoleta, pois é assim: de revolução em revolução caminha o conhecimento científico.

Mas, os seres humanos não gostam de insegurança, principalmente os profissionais do jornalismo.

Quem disse que o lugar da Ciência é um lugar seguro? "Tudo o que é sólido desmancha no ar " (Proudhom).

Quem quiser encontrar as certezas que as procure na religião, Ciência é o lugar-mor dos questionamentos e das refutações.

Dito isto, não se pode conformar-se com as
expectativas criadas ao longo das mais de
cinco décadas onde vem aumentando a
quantidade de produtos e circunstâncias
que se colocam para as pessoas se
aconselharem sobre o que poderia ser
nocivo para a saúde de cada um.

Cada vez surge um inimigo mortal da
saúde humana, como se fosse a verdade
única e indiscutível, sem considerar as
variantes fisiológicas e circunstanciais que
individualizam e personalizam as
necessidades e características étnicas,
etárias, de gênero, de região geográfica, de
clima, de saúde, enfim, tentam sempre
criar uma panaceia como se a medicina
não fosse casuística, assim, via os meios de
comunicação de massa se fornecem
diagnósticos coletivos
indiscriminadamente, a granel como se os
médicos pudessem atender aos paciente em
grupo.

Estes alertadores de plantão então disseminam conselhos e advertências alarmando a população contra virtuais perigos mortais e que certamente irão acautelá-las de males que certamente advirão caso não se abstenham de práticas, produtos, substâncias, eventos e comportamentos altamente prejudiciais à saúde, tudo isto respaldado na velha Ciência, para calar a refutação advinda de qualquer lado.

Assim vimos serem imoladas no altar da proibição coisas como o tomate, que, segundo os navegadores da Era Colombiana, eram proibidos de ingeri-lo por causa do veneno que ela trazia. É óbvio que o tomate muito tempo depois virou o principal produto de tempero levado das Américas para a

Europa pelos próprios navegadores que colonizaram as Américas.

Mas, não envergonhados pelo vexame, os

mesmos europeus, agora devidamente respaldados pelo conhecimento científico, voltam sempre à estas paragens para nos advertir dos perigos escondidos na natureza.

Foi assim com o sal, este produto natural, composto de Cloreto de Sódio e Potássio. Um veneno mortal para destruir a saúde.

Mas, não é somente o sal, há também o perigo da carne vermelha. O sal, além de matar os peixes do mar de pressão alta, há também o perigo da carne vermelha a envenenar os animais carnívoros, os quais precisam mudar a sua dieta imediatamente: imagine um felino como o leão comendo folhas verdejantes junto com um elefante!

Mas não ficamos aí.

Há o perigo da carne de churrasco.

Quantos produtos nocivos se formam sob a fumaça do carvão ardendo em brasa, quantas substâncias tóxicas ficam ali ativas prontas para nos envenenar?

O rei Sol, com todo o seu resplendor, quem
diria, que com exceção dos materiais
radioativos, se constitui a única fonte
primária e secundária de toda a energia que
recebemos e consumimos na nossa
pequena rocha, a Terra, pois não é que o
sol pode nos matar com a sua radiação
letal, segundo os alarmistas
pseudocientíficos!

Ainda não terminamos a lista.

Há os produtos artificiais, como a gordura
trans, os produtos transgênicos, os
refrigerantes, as bebidas alcoólicas, a lista
é acrescida de coisas cada vez mais
estranhas à verdadeira Ciência, assim,
acrescentamos as frituras, o ovo, o cigarro,
que na forma de fumo era há pouco tempo
depois da Era dos Descobrimentos
indicado para a cura de resfriado e da
pneumonia e asma, pasmem, aliás, tudo
que os indígenas faziam e consumiam
virou sagrado.

A norma desta tribo é que tudo que vem da

natureza intocada pelo homem é bom e saudável. Assim os remédios recomendados são a ingestão de muita água, ah!

Este precioso líquido, uma mistura composta de hidrogênio e Oxigênio, altamente oxidante, é o remédio para todos os males conhecidos e desconhecidos pelos magos da saúde total; as caminhadas e as corridas, e qualquer tipo de atividade física ao ar livre é altamente benéfica para os humanos em geral.

Assim, as posologias e indicações vão tomando ares cada vez mais românticos passando ao largo da Ciência interparadigmática proposta por Karl Popper, e vão preconizando um mundinho natureba cheio de coisas sãs que no futuro serão trocadas por outras listas de proibições e de recomendações.

Já foi a época em que alguns produtos naturais eram reconhecidamente milagrosos como o confrei, este pequeno e poderoso anticoagulante era indicado para tudo, assim como o mel-de-abelhas, quantos milagres ele seria capaz de produzir se ingerido em quantidades cada vez maiores, assim como o foi a vez do espinafre, foi a vez do açaí, foi a vez dos brócolis, foi a vez da pimenta, assim a natureza além de nos alimentar nos enchia de esperanças de vida eterna, senão muito longa, se nos abstivéssemos dos remédios alopáticos, estes juntamente com as cirurgias invasivas, verdadeiros perigos para a saúde e sobrevivência humana.

Tratamentos alternativos surgiram aos borbotões, alguns mais antigos que a civilização: acupuntura, cromoterapia, palhaçoterapia, massagem aiurvédica, pajelanças, caldos e garrafadas, enfim sonhar é melhor que viver a realidade, e no desespero qualquer corda é a corda da salvação para nos agarrarmos.

A última instância destas crendices é a crença de que a natureza corre enorme perigo devido aos fatores de interferência humana-ambiental ligados à destruição da camada de ozônio.

Até que, para a frustração dos naturologistas, algum cientista refutou a tese dos aerosóis de freon e culpou o arroto dos bovinos pela maior parte da destruição desta camada atmosférica de proteção da radiação ultravioleta cósmica(com pode vir alguma coisa hostil dos céus-espaço sideral?).

Como seria bom para eles que fossem os humanos os culpados pela destruição da camada de ozônio, pois a natureza em sua sabedoria deveria nos proteger, segundo esta crença.

Talvez não tenham imaginado que a natureza não tenha consciência alguma nem de moralidade nem de amoralidade, nem de mal ou de bem.

Estamos nos tempos de uma velha religião chamada pensamento-único iniciada com a globalização e com o neoliberalismo, onde é proibido a divergência e a pluralidade. Não existe o multiculturalismo nem a tolerância contra a verdade original.

São os apóstolos e profetas do vale-tudo, não querem regras nem normas, nada de olhar o passado e a História.

Eles estão querendo reinventar o velho como se fosse o novo. Quem não estuda Filosofia comete e repete os mesmos erros. Por que não existe nada de novo para a Filosofia já faz 2000 anos...

Entramos na era da intolerância, do pensamento-único, da patrulha-ideológica do politicamente-correto, do preconceito do preconceito, dos chatos de todo gênero, ecochatos, homochatos, politochatos, pedochatos.

Ô rebeldes sem causa, deixe-nos em paz! Não há mais revolução sexual a fazer, nem viradas políticas, nada a conquistar ou a desbravar, acabou-se a era das causas importantes para a humanidade, somente restaram os chatos....

Rebeldes tardios!

Mais um adjetivo da novilíngua para adicionar ao meu sobrenome: depois de machão, chauvinista, homofóbico, agora junta-se sexista; que tal intelectual, também! Sem querer abusar da vossa tolerante concessão.... O mundo está emburrecendo com o politicamente-correto.

As empregadas domésticas tem vergonha do nome da profissão; os crioulos, com eu, agora são chamados afro-não-sei-o-que; os pobres são despossuídos ou excluídos, e assim, mudando os nomes das coisas elas começaram a melhorar para os miseráveis, na concepção moderna de direitos políticos-sociais, assim, o delinquente menor é apreendido para a socioeducação, ao invés da prisão, e por aí vai.

Excluam-me dessa hipocrisia, pois eu não gosto de eufemismos, metáforas e metonímias. Prefiro o verbo, mesmo. Papo-reto. Sem frescuras.

Colesterol não é o Inimigo que você foi
induzido a crer â 01/06/2011

Cirurgião Cardíaco admite enorme erro!

Por Dr. Lundell Dwight, MD

Nós os médicos com todos os nossos treinamentos,
conhecimento e autoridade, muitas vezes adquirimos
um ego bastante grande, que tende a tornarmos difícil
admitir que estamos errados. Então, aqui está. Admito
estar errado...

Como um cirurgião com experiência de 25 anos, tendo
realizado mais de 5.000 cirurgias de coração aberto,
hoje é meu dia para reparar o erro de médicos com este
fato científico.

Eu treinei por muitos anos com outros médicos
proeminentes rotulados como "formadores de
opinião." Bombardeado com a literatura científica,
sempre participando de seminários de educação,
formuladores de opinião que insistiam que doença
cardíaca resulta do fato simples dos elevados níveis de
colesterol no sangue.

A terapia aceita era a prescrição de medicamentos para
baixar o colesterol e uma severa dieta restringido a
ingestão de gordura. Este último é claro que insistiu
que baixar o colesterol e doenças cardíacas. Qualquer
recomendação diferente era considerada uma heresia e
poderia possivelmente resultar em erros médicos.

Ela não está funcionando! Estas recomendações não

são cientificamente ou moralmente defensáveis. A descoberta, há alguns anos que a inflamação na parede da artéria é a verdadeira causa da doença cardíaca é lenta, levando a uma mudança de paradigma na forma como as doenças cardíacas e outras enfermidades crônicas serão tratados.

As recomendações dietéticas estabelecidas há muito tempo ter criado uma epidemia de obesidade e diabetes, cujas consequências apequenam qualquer praga histórica em termos de mortalidade, o sofrimento humano e terríveis consequências econômicas.

Apesar do fato de que 25% da população tomar caros medicamentos a base de estatina e, apesar do fato de termos reduzido o teor de gordura de nossa dieta, mais americanos vão morrer este ano de doença cardíaca do que nunca. Estatísticas do American Heart Association, mostram que 75 milhões dos americanos atualmente sofrem de doenças cardíacas, 20 milhões têm diabetes e 57 milhões têm pré-diabetes. Esses transtornos estão a afetar pessoas cada vez mais jovens em maior número a cada ano.

Simplesmente dito, sem a presença de inflamação no corpo, não há nenhuma maneira que faça com que o colesterol se acumule nas paredes dos vasos sanguíneos e cause doenças cardíacas e derrames. Sem a inflamação, o colesterol se movimenta livremente por todo o corpo como a natureza determina. É a inflamação que faz o colesterol ficar preso.

A inflamação não é complicada - é simplesmente a defesa natural do corpo a um invasor estrangeiro, tais como toxinas, bactéria ou vírus. O ciclo de inflamação é perfeito na forma como ela protege o corpo contra esses invasores virais e bacterianos. No entanto, se cronicamente expor o corpo à lesão por toxinas ou alimentos no corpo humano, para os quais não foi projetado para processar, uma condição chamada inflamação crônica ocorre. A inflamação crônica é tão prejudicial quanto a inflamação aguda é benéfica.

Que pessoa ponderada voluntariamente exporia repetidamente a alimentos ou outras substâncias conhecidas por causarem danos ao corpo? Bem, talvez os fumantes, mas pelo menos eles fizeram essa escolha conscientemente. O resto de nós simplesmente seguia a dieta recomendada correntemente, baixa em gordura e rica em gorduras poli-insaturadas e carboidratos, não sabendo que estavam causando prejuízo repetido para os nossos vasos sanguíneos. Esta lesão repetida cria uma inflamação crônica que leva à doença cardíaca, diabetes, ataque cardíaco e obesidade.

Deixe-me repetir isso. A lesão e inflamação crônica em nossos vasos sanguíneos é causada pela dieta de baixo teor de gordura recomendada por anos pela medicina convencional.

Quais são os maiores culpados da inflamação crônica? Simplesmente, são a sobrecarga de simples carboidratos altamente processados ââ(açúcar, farinha e todos os produtos fabricados a partir deles) e o excesso de consumo de óleos ômega-6 (vegetais como soja, milho e girassol), que são encontrados em muitos alimentos processados.

Imagine esfregar uma escova dura repetidamente sobre a pele macia até que ela fique muito vermelho e quase sangrando. Faça isto várias vezes ao dia, todos os dias por cinco anos. Se você pudesse tolerar esta dolorosa escovação, você teria um sangramento, inchaço e infecção da área, que se tornaria pior a cada lesão repetida. Esta é uma boa maneira de visualizar o processo inflama tório que pode estar acontecendo em seu corpo agora.

Independentemente de onde ocorre o processo inflamatório, externamente ou internamente, é a mesma. Eu olhei dentro de milhares e milhares de artérias. Na artéria doente parece que alguém pegou uma escova e esfregou repetidamente contra a parede da veia.

Várias vezes por dia, todos os dias, os alimentos que comemos criam pequenas lesões compondo em mais lesões, fazendo com que o corpo responda de forma contínua e adequada com a inflamação.

Enquanto saboreamos um tentador pão doce, o nosso corpo responde de forma alarmante como se um invasor estrangeiro chegasse declarando guerra. Alimentos carregados de açúcares e carboidratos simples, ou processados com óleos omega-6 para durar mais nas prateleiras foram a base da dieta americana durante seis décadas. Estes alimentos foram lentamente envenenando a todos.

Como é que um simples bolinho doce cria uma cascata de inflamação fazendo-o adoecer?

Imagine derramar melado no seu teclado, ai você tem uma visão do que ocorre dentro da célula. Quando consumimos carboidratos simples como o açúcar, o açúcar no sangue sobe rapidamente. Em resposta, o pâncreas segrega insulina, cuja principal finalidade é fazer com que o açúcar chegue em cada célula, onde é armazenado para energia. Se a célula estiver cheia e não precisar de glicose, o excesso é rejeitado para evitar que prejudique o trabalho.

Quando suas células cheias rejeitarem a glicose extra, o açúcar no sangue sobe produzindo mais insulina e a glicose se converte em gordura armazenada.

O que tudo isso tem a ver com a inflamação? O açúcar no sangue é controlado em uma faixa muito estreita. Moléculas de açúcar extra grudam-se a uma variedade de proteínas, que por sua vez lesam as paredes dos vasos sanguíneos. Estas repetidas lesões às paredes dos vasos sanguíneos desencadeiam a inflamação. Ao cravar seu nível de açúcar no sangue várias vezes por dia, todo dia, é exatamente como se esfregasse uma lixa no interior dos delicados vasos sanguíneos. Mesmo que você não seja capaz de ver, tenha certeza que está acontecendo. Eu vi em mais de 5.000 pacientes que operei nos meus 25 anos que compartilhavam um denominador comum - inflamação em suas artérias.

Voltemos ao pão doce. Esse gostoso com aparência inocente não só contém açúcares como também é cozido em um dos muitos óleos omega-6 como o de soja. Batatas fritas e peixe frito são embebidos em óleo de soja, alimentos processados são fabricados com óleos omega-6 para alongar a vida útil. Enquanto ômega-6 é essencial - e faz parte da membrana de cada célula controlando o que entra e sai da célula - deve estar em equilíbrio correto com o ômega-3.

Com o desequilíbrio provocado pelo consumo excessivo de ômega-6, a membrana celular passa a produzir substâncias químicas chamadas citocinas, que causam inflamação.

Atualmente a dieta costumeira do americano tem

produzido um extremo desequilíbrio dessas duas gorduras (ômega-3 e ômega-6). A relação de faixas de desequilíbrio varia de 15:1 para tão alto quanto 30:1 em favor do ômega-6. Isso é uma tremenda quantidade de citocinas que causam inflamação. Nos alimentos atuais uma proporção de 3:1 seria ideal e saudável.

Para piorar a situação, o excesso de peso que você carrega por comer esses alimentos, cria sobrecarga de gordura nas células que derramam grandes quantidades de substâncias químicas pró-inflamatórias que se somam aos ferimentos causados por ter açúcar elevado no sangue. O processo que começou com um bolo doce se transforma em um ciclo vicioso que ao longo do tempo cria a doença cardíaca, pressão arterial alta, diabetes e, finalmente, a doença de Alzheimer, visto que o processo inflamatório continua inabalável.

Não há como escapar do fato de que quanto mais alimentos processados e preparados consumirmos, quanto mais caminharemos para a inflamação pouco a pouco a cada dia. O corpo humano não consegue processar, nem foi concebido para consumir os alimentos embalados com açúcares e embebido em óleos omega-6.

Há apenas uma resposta para acalmar a inflamação, é voltar aos alimentos mais perto de seu estado natural. Para construir músculos, comer mais proteínas. Escolha carboidratos muito complexos, como frutas e vegetais coloridos. Reduzir ou eliminar gorduras omega-6 causadoras de inflamações como óleo de milho e de soja e os alimentos processados que são feitas a partir deles. Uma colher de sopa de óleo de milho contém 7.280 mg de ômega-6, de soja contém 6.940 mg.

Em vez disso, use azeite ou manteiga de animal alimentado com capim..

As gorduras animais contêm menos de 20% de ômega-6 e são muito menos propensas a causar inflamação do que os óleos poli-insaturados rotulados como supostamente saudáveis.

Esqueça a "ciência" que tem sido martelada em sua cabeça durante décadas. A ciência que a gordura saturada por si só causa doença cardíaca é inexistente. A ciência que a gordura saturada aumenta o colesterol no sangue também é muito fraca. Como sabemos agora que o colesterol não é a causa de doença cardíaca, a preocupação com a gordura saturada é ainda mais absurda hoje.

A teoria do colesterol levou à nenhuma gordura, recomendações de baixo teor de gordura que criaram os alimentos que agora estão causando uma epidemia de inflamação.

A medicina tradicional cometeu um erro terrível quando aconselhou as pessoas a evitar a gordura saturada em favor de alimentos ricos em gorduras omega-6. Temos agora uma epidemia de inflamação arterial levando a doenças cardíacas e a outros assassinos silenciosos.

O que você pode fazer é escolher alimentos integrais que sua avó servia (frutas, verduras, cereais, manteiga, banha de porco) e não aqueles que sua mãe encontrou nos corredores de supermercado cheios de alimentos industrializados. Eliminando alimentos inflamatórios e aderindo a nutrientes essenciais de produtos alimentares frescos não-processados, você irá reverter anos de danos nas artérias e em todo o seu corpo

causados pelo consumo da dieta típica americana.
O ideal é voltarmos aos alimentos naturais e muito
trabalho físico (exercícios).

[Ed.] Nota: Dr. Dwight Lundell é ex-Chefe de Gabinete e Chefe de
Cirurgia no Hospital do Coração Banner, Mesa, Arizona. Sua prática
privada, Cardíaca Care Center foi em Mesa, Arizona. Recentemente,
Dr. Lundell deixou a cirurgia para se concentrar no tratamento
nutricional de doenças cardíacas. Ele é o fundador da Fundação Saúde
dos Humanos, que promove a saúde humana com foco na ajuda às
grandes corporações promover o bem estar. Ele é o autor de "A Cura
para a Doença Cardíaca e A Grande Mentira do Colesterol"

O Vai-e-vem No Eterno Retorno
(Nietzche)

[Eterno retorno] "é a lei de um mundo sem ser, sem unidade, sem identidade."
(Deleuze)

Eterno Retorno é um conceito desenvolvido pelo filósofo Friedrich Nietzsche (1844-1900), considerado por ele próprio um dos seus pensamentos mais aterrorizadores. Foi durante um passeio em 1881 que Nietzsche refletiu sobre os sentidos das vivências em alternâncias que se "repetem".

Embora em várias de suas obras encontremos pistas do que seria o Eterno Retorno, é na sua obra A Gaia Ciência (1882), um dos mais belos livros antes de Nietzsche sofrer das baixas de sua saúde, que ele nos brinda com a ideia mais nítida do que seria esse conceito:

"E se um dia ou uma noite um demônio se esgueirasse em tua mais solitária solidão e te dissesse: "Esta vida, assim como tu vives agora e como a viveste, terás de vivê-la ainda uma vez e ainda inúmeras vezes: e não haverá nela nada de novo, cada dor e cada prazer e cada pensamento e suspiro e tudo o que há de indivisivelmente pequeno e de grande em tua vida há de te retornar, e tudo na mesma ordem e sequência – e do mesmo modo esta aranha e este luar entre as árvores, e do mesmo modo este instante e eu próprio.

A eterna ampulheta da existência será sempre virada outra vez – e tu com ela, poeirinha da poeira!" Não te lançarias ao chão e rangerias os dentes e amaldiçoarias o demônio que te falasses assim? Ou viveste alguma vez um instante descomunal, em que lhe responderias: "Tu és um deus e nunca ouvi nada mais divino!" Se esse pensamento adquirisse poder sobre ti, assim como tu és, ele te transformaria e talvez te triturasse: a pergunta diante de tudo e de cada coisa: "Quero isto ainda uma vez e inúmeras vezes?" pesaria como o mais pesado dos pesos sobre o teu agir! Ou, então, como terias de ficar de bem contigo e mesmo com a vida, para não desejar nada mais do que essa última, eterna confirmação e chancela?" (aforismo 56)

Parece que o Eterno Retorno defende a tese de que pólos se alternam nas vivências numa eterna repetição. Criação e destruição, alegria e tristeza, saúde e doença, bem e mal, belo e feio,... tudo vai e tudo retorna.

Porém, esses pólos não se opõem, mas são faces de uma mesma realidade, isto é, um complementa o outro, são contínuos de um jogo só. Alegria e tristeza são faces de uma única coisa experienciada com grau diferente.

A temporalidade não está presente no Eterno Retorno, a realidade para Nietzsche não tem uma finalidade nem um objetivo a cumprir, e por isso as alternâncias de prazer e desprazer se repetem durante a vida.

– O Eterno Retorno não se reporta a uma demarcação temporal cíclica e exata, mas às nuances de vivências que se complementam e dão o colorido da vida.

O devir não ocorre de um modo exatamente igual, mas são variações de sentidos já vivenciados, faces de uma mesma realidade. A alegria e a tristeza que senti não serão iguais no amanhã, mas voltarei a experimentar esses estados em suas diferentes variações.

A indagação que Nietzsche nos faz através do aforismo acima não se trata de uma negação da vida, pelo contrário, nos remete a uma afirmação da vida. Não posso crescer se não experimento declínio e vice-versa, são faces de uma mesma moeda sem demarcação de tempo e exatidão, de tal modo, Nietzsche nos aponta que "os homens não têm de fugir à vida como os pessimistas, mas como alegres convivas de um banquete que desejam suas taças novamente cheias, dirão à vida: uma vez mais".

– Eis aqui uma bela resposta de Nietzsche
ao "pessimismo" de Schopenhauer.

Se tudo retorna – o prazer e o desprazer, a
dor e o deleite, a alegria e o sofrimento –
queremos mesmo viver à eternidade onde
nada de novo irá acontecer além de
vivências com nuances variadas de uma
mesma realidade?

– Não é fácil dar uma resposta a indagação
que o Eterno Retorno nos faz. Mas apenas
você pode respondê-la, e ninguém poderá
fazer isso por você, uma resposta pronta e
acabada não faz sentido, da mesma forma
que a "verdade" e a "mentira" não
encontram acomodação no pensamento de
Nietzsche. Talvez decorra daí o sentido
perturbador do conceito.

Nietzsche nos dá o Eterno Retorno como
uma saída, que consiste em buscar a
criação na destruição; só nessa
complementação que podemos transcender
e reafirmar a vida em detrimento dos

valores que envenenaram a humanidade e
negaram a vida, sobretudo, aqueles
simbolizados na cruz.

Vivemos no Brasil de 2012 um momento
que acredito ser o ponto de apogeu da
tolerância máxima dos costumes mais
incivilizados a que a sociedade já poderia
suportar sem rupturas sociais.

Tudo no Brasil é permitido. Vivemos um
momento de maior distensão dos costumes
e vícios como nunca antes a sociedade
brasileira dos centros urbanos jamais
experimentou em tal intensidade e
abrangência.

Nesta quadra histórica tudo tem de ser
permitido. Proibir é o maior castigo que se
pode impingir ao cidadão.

Este é o resultado do pêndulo do vai-e-vem
alternando períodos que periodicamente
experimenta a sociedade humana ao longo

da sua História social. Assim vimos alternarem-se os períodos de total amplitude de liberdade de ideologias, como no período dos filósofos gregos, então a reação contrária ao excesso de liberdade de pensamento e comportamento social veio o período de total controle social, moral, ético, religioso, filosófico que foram os 1000 anos da Idade Média.

O resultado deste período de fechamento foi consequentemente a abertura produzida pela Renascença, que tratou no período seguinte de se contrapor ao fechamento, ao processo de submersão e de concentração-centralizada da Igreja sobre a vida dos seres humanos submetidos àquela ordem fechada e rigorosa, onde todos os setores da vida humana estavam submetidos aos estatutos religiosos: a música em uníssono; às artes, permitidos apenas temas religiosos e sem cores, apenas em preto e cinza; às ciências totalmente submetidas aos inquisidores; às regras comerciais e financeiras, ao comércio totalmente

fechado e incipiente, confinando a vida aos
feudos sob a suzerania dos senhores
feudais e estes aos bispos e à hierarquia
católica; assim, a verdadeira abertura que
representou o fim do Feudalismo e do
Medievalismo foi a revolução que eclodiu
e explodiu os fundamentos da crença
religiosa hegemônica que abriu
politicamente, moralmente, culturalmente,
cientificamente e economicamente o
mundo ocidental para a revolução
burguesa e para o fim de uma ordem
mundial religiosa para uma nova ordem
mundial ateísta, científica, mundana,
humanista e capitalista.

Assistimos nesta época o limiar da
liberdade máxima de costumes até onde
pode experimentar o espírito livre de
regras a não ser as regras ditadas pela
liberdade de agir e pensar que o ser
humano jamais pode conceber sem medos
de quebrar e romper todos os mitos e
tradições, onde o espírito humano pode
experimentar tudo, de todas as formas

concebíveis de se experimentar todas as sensações, desejos, vontade, liberdade, ideologia, comportamento e regras como jamais sonharam nossos ancestrais.

O resultado ou a resultante deste excesso que se avizinha, por uma quase lei-do-retorno eterno é que o limite do excesso de liberdade é a atração pela irresistível volta do conservadorismo, e as razões para isto é que a liberdade em excesso está destruindo os fundamentos do direito á liberdade.

Liberdade em excesso destrói as condições do próprio exercício da liberdade.

Liberdade absoluta gera a destruição do direito à liberdade, pois não respeita os limites que não são reconhecidos para a liberdade em si.

A referência para o usufruto da liberdade é a sua falta ou o seu cerceamento. Sem limites a liberdade fica sem um referencial logo não pode ser percebida como liberdade uma vez que a liberdade se opõe aos limites e regras.

A liberdade sem limites não se realiza como tal, uma vez que nada se opõe a si, logo liberdade sem restrição não permite o seu exercício pleno uma vez que não encontra a sua contrapartida que seria a restrição ou o limite.

A liberdade é apenas a necessidade de romper limites e restrição. Sem limites e restrições não pode existir liberdade de ser livre quando nada é proibido.

Assim, a sociedade perde a noção e a necessidade de ser livre e a consequência é o desejo de construir barreiras ao exercício da liberdade para poder excedê-la.

Quando isto ocorre então se começa a experimentar a nostalgia da antiliberdade.

Este novo sentimento novo começa a seduzir os membros do grupo social como algo novo e novamente fascinante que é construir regras para depois burlá-las.

Assim, recomeça-se a guerra entre os libertários e os organizadores. Uns tentando sentir novos desejos e novas experiências em um novo mundo regulado, ordenado, organizado, planejado, previsível, restrito, e o velho mundo ainda perdido na antiga liberdade total, na total anarquia, na total falta de limites, mergulhada na total desestruturação onde a civilização sepultou toda forma de organização social, divisão de tarefas e trabalho social, religião, regras, leis, fronteiras, limites, perspectivas, economia, sustentabilidade social, enfim, qualquer resquício de civilização para começar tudo de novo.

Sem que percebamos estamos começando o mergulho no mundo sem ordem social. Abolimos algumas regras onde tornamos

alienados de obrigações sociais, civis,
econômicas, morais, científicas e religiosas
os índios, as crianças, os velhos, as
mulheres, os homossexuais e os tornamos
relativamente capazes, relativamente
tutelados pelo Estado.

Assim, criando guetos e exceções nas
obrigações legais, abrimos exceções para
privilegiar alguns grupos, como na criação
de privilégios compensatórios para os
afrodescendentes, para os despossuídos,
para os sem-terra, para os sem-tetos, para
os viciados em drogas estupefacientes,
para as mulheres, para as crianças, para os
idosos, para os deficientes físicos, enfim
transformamos a sociedade em facções
recheadas de particularidades e privilégios
e criamos guetos de discórdia e privilégios
enquanto acreditávamos estar pacificando
a sociedade através da ideologia do
igualitarismo de chegada.

Desde o cristianismo nunca a ideologia
igualitarista fora transformada em

estratégia social da engenharia política
com todas as consequências que isto
poderia causar.

Depois das ideias cristãs de igualdade,
vieram as ideias comunistas nos
falanstérios, depois vieram as sociais-
democracias, o estado-do-bem-estar-social,
depois o estatocentrismo, depois o estado
empresário, depois a responsabilidade
social, e por fim, a justiça social.

Em fim, vieram os ecologistas, que
igualaram os direitos humanos aos direitos
dos animais, das plantas, da natureza,
criaram a ideia do crime contra a natureza,
crime contra a pureza da ordem social.

Todo o comportamento humano foi
criminalizado; para fugir ao controle
estatal foram criadas estratégias para o
combate e a fiscalização de estatutos cada
vez mais restritivos à ação humana contra
a liberdade da natureza.

Ao par disso, todas as regras morais foram
corrompidas por que tinha um grande
defeito: eram antigas!

Tudo que era antigo, que era passado
estava condenado a ser rompido,
corrompido, e modificado.

Nesta contradição entre a criminalização
do comportamento social anterior à nova
era de libertação do ser humano de todas as
regras antigas, das novas regras irracionais
então criadas, pareceu que de tão
esdrúxulas as novas regras já nasceram
para serem violadas.

Estas enormes possibilidades de se
violarem regras impossíveis de serem
observadas induziram-nos ao extermínio
da ordem social por completo.

Como se pode imaginar que um adulto de

16 anos de idade está proibido de exercer a sua maturidade genética e animal abstendo-se de relação sexual com alguém mais velho? Sendo ao mesmo tempo relativamente incapaz de responder em sua plenitude por seus atos civis?

Obviamente, esta nova ordem de valores em um mundo sem valores morais apenas serviu para confundir e criar o ambiente para a criminalização da conduta humana por completo!

Transformando todos em potenciais delinquentes e criminosos, estavam cridas as condições objetivas e subjetivas para a completa subversão da ordem social.

Qualquer um poderia subverter a ordem social e legal, por menor que fossem os atos sociais. Tudo conspirava para transformar todo ser adulto em delinquente. Transformar todo adolescente e criança em um ser em conflito permanente com as leis e com a sociedade.

As oportunidades dadas para a burla são abundantes. Não existe forma de se deixar de se cometer qualquer delito em um prazo de 24 horas. Ninguém escapa do ato criminoso.

Todos somos delinquentes. Do homem que assedia a mulher, ao pedófilo que admira a Lolita. Tudo é crime.

Dos pais que não podem mais admoestar e incomodar os seus filhos sem cometer crime, ao professor que não pode desagradar aos infantes na sala de aula.

O Estado extraiu a adjudicação da autoridade paterna, docente, jacente aos adultos e desautorizou os cidadãos de qualquer direito de competir com ele no exercício da autoridade.

Extrapolando este mundo de anarquia moral e de completa falta de hierarquia social, foram se erodindo os princípios morais, tradicionais e religiosos. Já não contam mais os costumes discretos neste vale tudo onde programas de televisão mostram casais coabitando debaixo de mesas, sob os edredons, fornicando apenas para exercitarem a vaidade e a capacidade de seduzir.

O sexo é elevado à categoria dos instintos animalescos sem o manto do romantismo sem um compromisso mais longo consequente.

Que nada, somos apenas instintos selvagens que servimos apenas à evolução da espécie no sentido literalmente darwiniano da escala da evolução genética. Apenas animais em evolução como todas as outras espécies.

Para que disfarçar a verdadeira motivação

das intenções humanas! Vamos á festa dos
instintos carnais sem moderação!

Este convite ao mundo dos instintos deve
levar aos estímulos de todos os sentidos
amplificados pelas drogas excitantes,
estupefacientes onde o limite do prazer
deve sempre ser superado, ultrapassado
sem limites, pois o ser humano merece
estender até o infinito as suas necessidades
de prazer e de experimentar os limites dos
sentidos.

A falta de limites destrói a própria
liberdade porque o conceito de liberdade
não é um conceito autônomo.

Liberdade existe apenas para se contrapor
às restrições.

Não se exerce a liberdade no vazio de
limites.

Sem o contraste da restrição à liberdade
não existe liberdade.

A liberdade é um conceito dependente e
dialético.

Não existe liberdade em absoluto.

Não se percebe a liberdade em um
ambiente libertário.

Um peixe nunca saberá o que é a água a
não ser que seja retirado dela para o ar ou
para a terra.

A liberdade só pode ser sentida e percebida
quando se não tem liberdade, como um
peixe que só percebe que vive na água
quando retirado da água, e a falta que a
água faz para si.

A liberdade não existe no abstrato, nem
existe no absoluto. Para existir a liberdade
tem que existir a restrição à liberdade. A
liberdade é exercida apenas contra a sua
restrição.

Para existir a liberdade há que existir a
ordem, a regra, a hierarquia, o controle, a
restrição. Sem estes elementos não faz

sentido se falar em liberdade.

Assim a liberdade irrestrita destrói as
condições de sua própria existência.

A liberdade é a faculdade de se abster de
cumprir alguma obrigação ou dever social,
moral, civil, religioso, científico,
sentimental, sexual, esportivo, artístico,
econômico, político, intelectual, contratual
e qualquer outra expectativa social ou
pessoal.

Se não existirem estas obrigações, deveres
e expectativas a serem observados, então
não existe a liberdade.

A maior liberdade é a faculdade de se
estabelecer a liberdade em uma regra para
se poder ter o direito de não exercê-la:
a liberdade de não gozá-la, quando é
oferecida, é a maior de todas as provas de
ser livre.

Não é do meu caráter reconhecimento de apenas defeitos nos meus adversários, nem transformá-los em inimigos.

O comunismo soviético e chinês fez coisas extraordinárias que nenhum capitalismo conseguiu ou conseguirá, por causa de certos parâmetros políticos inexoravelmente imanentes e exclusivos do sistema que não podem ser reproduzidos no liberal capitalismo plebiscitário.

O erro doutrinário do comunismo foi a sua soberba intelectual e doutrinária que se arrogou de totalitarismo que não exclui nada de sua tutela intelectual.

Quiz abolir a moral, a religião, a cultura, a ciência, o estado, a família, e substiuí-los pelo seu padrão inédito.

A arrogância derrotou o comunismo.

Não existe nação sem heróis;

Não existe ciência sem resposta para tudo;

Não existe religião sem milagres;

Não existe filosofia sem abstrações ambíguas;

Não existe civilização sem tradição;

Não existe cultura sem mitos;

Não existe história sem epopeia

Não existe ideologia sem farisaísmo.

Tenho 63 anos. Já montei seis empresas diferentes no Brasil.

Hoje eu passo diante de uma fachada de empresa e dá vontade de entrar lá para conferir e confirmar se o proprietário tem mesmo todos os documentos exigidos e todas as taxas e impostos regulares.

Eu não acredito.

Na primeira vez a minha empresa era de serviços e depois de brincar de escondidinho com todos os órgãos e repartição e entidades municipais federais e estaduais eu desisti de tentar obter o bloco de notas fiscais.

Na última empresa eu tive pouco o que fazer porque eu comprei o restaurante funcionando.

Mas os clientes!

Coisa de louco.

Como o brasileiro reclama, exige, e quer pagar pouco com atendimento qualidade de resort em um restaurante a quilo, quer comer muita carne como se fosse em uma churrascaria e pagar preço de bandejão.

Agora eu entendi que o empreendedor é um psicopata porquê uma pessoa normal não funciona direito nesse país.

Ainda bem que o brasileiro não cumpriu rigorosamente as leis. Se as cumprissem o Brasil pararia.

São 99 formulários para preenchimento das exportações; são 5,5 milhões de dispositivos legais, (leis, estatutos, códigos, portarias, dispositivos, instruções normativas, súmulas, revistas, jurisprudências); precisa dispender três meses do faturamento para pagar os 98 impostos, taxas, contribuições, sem as propinas.

O governo tem razão ontem aqui na quadra passou un bonde da Uber e sequestraram uns rapazes e até velhos e acorrentaram-nos ao banco de automóveis e os fizeram rodar a cidade por setenta horas transportando passageiros por 75% do valor da viagem.

Inacreditável voltamos à escravidão.

Começou com os pecadores.

Aí, vitimas do pecado precisando da

salvação da alma perdida.

Aí veio o escravo precisando de livramento.

Depois veio o povo oprimido pela
escravidão que foi libertado do cativeiro
cruel.

Então foram as prostitutas desprezadas e
apedrejadas que foram perdoadas de seus
pecados pois não atiraram a primeira pedra.

Os oprimidos foram aumentando a lista.

Os leprosos já não eram mais segregados
nem os gentios.

As mulheres eram desprezadas formando
uma minoria imensa com os estrangeiros e
os pobres.

Então tinham os servos, e os pobres, e os
órfãos, os idosos, os enfermos crônicos, as
criancinhas, os negros, os homossexuais, os
sem teto, os excluídos, os perseguidos
políticos, os nordestinos, os analfabetos,
então a sociedade percebeu que a lista dos
perseguidos e dos carentes era interminável.

O que fez para resolver tanta carência?

a) Inventou a ideologia do gênero,

b) do feminismo,

c) do machismo,

d) do comunismo,

e) do excluído,

f) do politicamente correto,

g) do igualitarismo,

h) do assembleismo,

i) todo tipo de vitimismo

j) e populismo,

k) caudilhismo,

l) protecionismo,

m) coitadismo obcecado pela ideia de culpa e castigo,

vieram a

a) islamofobia,

b) o sionismo,

c) fascismo,

d) nazismo,

e) castrismo,

f) nacionalismo,

g) bolivarianismo,

h) lulisno,

i) varguismo,

j) direitos humanos,

k) ambientalismo,

l) ecologismo,

m) veganismo,

n) cristianismo,

o) budismo

e toda forma de autismo intelectual e moral,
e formas discriminatórias de privilégios
compensatórios.

Eu sempre fui fã das aulas de física e de
química, quando era menino meu sonho era
ser engenheiro espacial ou astronáutica.

Mas sempre fui fascinado pelo estudo de
história e geografia.

O ensino da história tem suas sérias
limitações que eu já estava ciente desde a
minha infância.

O ensino de geografia atual foi sequestrado
pelos dois piores tipos de militantes políticos
que jamais se apoiam em conhecimento
científico para poder alardear catástrofes
marxistas para chantagear a população e os
políticos com as suas previsões que na

verdade são apenas profecias de caos e catástrofes inverossímeis.

Tão previsíveis quanto um terremoto, inundações, tsunami e explosões vulcânicas.

A história é apenas uma fração dos fatos cujo critério de registro é a sua relevância para a posteridade.

Os problemas para os historiadores e historiografia é desculpar o que é relevante para quem, para quê e por quê.

Fatos e atos históricos são narrados nos noticiários sem parar, e a polêmica em torno disso nos faz acreditar que com toda a capacidade de gerar discussão ainda assim os fatos são apenas versões acordadas e consensos da realidade múltipla e subjacente por isso sempre sujeita a diversidade de leituras de acordo com a teleologia da classe intelectual hegemônica.

Nunca saberemos os fatos reais do onze de setembro de 2001; nunca saberemos da copa do mundo de 2014 do blackout da seleção canarinho; nunca saberemos da queda de Saddan Hussein e de kadaffi.

São apenas versões de pós verdades.

A geografia imersa em mensagens e catequização comunista sobre um mundo desigual e injusto, onde tudo está mal distribuído injustamente, onde um único país possui um terço das reservas de petróleo, o outro possui noventa por cento da terras raras ou de nióbio, outro é rico demais economicamente e outro somente miséria assim nesse mundinho certinho não existiriam o Himalaia porque é alto demais, inacessível para as criancinhas pobres ganenses poderem brincar e o Saara sem água para plantar arroz.

Que horror! As ideologias que querem nivelar todo o universo jamais vão entender que para ter um planeta habitável precisa de uma estrela que parece um inferno! Bem no céu.

 Existe instituições cem por cento humanas, civilizadoras, e outras instituições selvagens, naturais comuns entre os humanos e espécies animais não humanas.

O amor é um comportamento lindo encontrado nas espécies que vivem monogamicamente como o casal de cisnes.

O papai pinguim sempre encontra os seus

filhos dentre milhares de pinguins quando volta do mar trazendo a comida para sustentar seus filhotes.

Portanto, o amor e o sexo não são comportamentos humanizadores.

As abelhas constituem sociedades com dezenas de milhares de indivíduos, com uma rainha, locados em soldados, operárias e zangões reprodutores.

Formar uma sociedade não é um privilégio da habilidade humana.

Golfinhos formam famílias com regras sociais e éticas onde um membro pode ser afastado ou morto por assédio a outros membros.

As instituições exclusivamente humanas jamais encontradas fora dos seres humanos são exclusivamente a ciência, filosofia, religião, já que as artes e o canto da música se encontram presentes em outras espécies não humanas.

Conclusão:

não é natural a prática social da política, da sociedade, da família, do amor e do sexo, são ativismos das espécies animais.

Não somos naturalmente e exclusivamente animais políticos por escolha ou evolução intelectual.

Política é uma contingência animal social.

Ao contrário do que teorizou Aristóteles, o homem não é um animal politico. A política é um atavismo animal selvagem ainda não domesticado.

Não é o momento apropriado para nos dispensarmos.

A civilização está se desfazendo.

Os nossos inimigos quase nos derrotaram.

São os inimigos da tradição da nossa civilização.

O comunismo foi encurralado, mas, resiste vivo como um vírus atenuado, enrustido, recolhido, hibernando à espera da sua melhor chance que sem dúvida são os momentos de crise de penúria financeira para iludir as multidões com a falsa saída mágica e desesperada.

O comunismo é uma escravidão sórdida de uma elite política sobre toda população, totalitária e impiedosa.

A segunda ameaça é a cocaína, e seus equivalentes, o crack, a heroína e o êxtase e seus equivalentes respectivos.

Juntamente com o álcool fornecem o anestésico para as agruras diárias. O problema das drogas ilícitas e daquelas drogas lícitas é a adicção.

Elas viciam e produzem a dependência e a decadência moral e física.

Não fosse isso seria o paraíso na terra prometida.

Então vem a terceira praga moderna que é a autoextinção da nossa espécie humana deliberadamente executada.

As pessoas não estão se reproduzindo.

E o pior: estão se suicidando.

Países aboliram o casamento, substituído por uniões casuais, e casais homossexuais, chamados juridicamente de homoafetivos antes de serem constitucionais, por decisão incidental dos juízes do STF, sem respeitar a casa que faz as leis do País.

Assim, devemos unir as nossas forças sobre todas as divergências doutrinárias cristãs para salvação da humanidade que ainda resta.

Falando sério.

Qual a base empírica e estatística das construções dos imperativos categóricos destas teses econômicas e as bases históricas sobre as origens do capital que justificam a tese do roubo?

Podemos discutir as bases dos impérios ao longo da história e as expoliações e despojos tanto quanto na escravidão e a servidão feudal.

Caso a caso precisou-se de investimentos em tecnologia bélica e muita logística.

Matemática e táticas tudo lastreado sobre o estado básico da arte vigente.

Conhecimento avançado de metalurgia.

Conhecimento avançado em topografia e meteorológicos.

Navegação e engenharia naval.

Basicamente simplesmente a redução de tudo a luta de classes não explica nada.

Tema estudado desde Platão, a necessidade humana de proteger seus bens e a rés pública.

A rua é de todos.

O ar é bem comum coletivo.

Eu cuido daquilo que me pertence, no máximo, estendendo os cuidados até o domínio dos filhos e netos quanto à propriedades imobiliária, a lei se preocupa quando o assunto é herança dos bens.

Já no que diz respeito aos bens públicos, aquilo que pertence a todos não pertence a ninguém, por isso meu dever não inclui limpar as ruas nem sair de casa para taparmos os buracos da estrada, porém, quando colocamos nosso carro na rua, nessa mesma estrada, queremos que os demais motoristas saiam de nosso caminho e não aceitamos que nos atrapalhe porque a nossa base age como se fosse exclusivo e não bem comum.

Esse é o paradoxo do socialismo.

O buraco é mais embaixo.

Sempre vai existir uma brecha para a tentação da solução imediata, como, por exemplo, o comunismo.

Sabemos dos problemas e limites do liberalismo, do mercado, da democracia. Sabemos das limitações do comunismo também.

Não dá para termos a desonestidade intelectual e o vício moral de fazermos um debate parcial e tendencioso.

A virtualidade da economia não foi uma invenção intelectual.

A Física Quântica descortinou para surpresa de ninguém menos que o físico Einstein uma realidade que não pode ser explicada pelo senso comum.

Apenas aceita sem demonstrar e sem explicação.

É exclusivamente de natureza descritível.

Dito isso, qual não fora a surpresa dos reguladores da Economia ao constatarem no século vinte que as organizações que funcionam como caixa de depósito criam dinheiro virtual contábil!

Do mesmo modo que toda propriedade é uma instituição Virtual que se transforma no tempo indeterminado.

Uma posse termina pela morte do proprietário, ou pela deterioração, pela venda, pela expropriação, pela perda do valor de mercado ou pela perda do valor da utilidade.

Assim, como um automóvel que acabou de deixar a loja onde foi adquirido começa a adicionar valor ao mercado de peças, combustível, estacionamento pago, lubrificantes, pneus, asfalto, transferência, assim por diante.

Cria externalidades exógenas que chamamos valores agregados, cria moeda virtual como fazem os bancos.

Assim, podemos descrever este processo de sinestesia e sinergia econômica como uma economia virtualizada.

Essa visão da economia é tão recente que ainda não foi compreendida pelos estudiosos das moedas criptogamas como o Bitcoin.

Vivemos um novo cenário de um tipo ainda não dominante de guerra.

O tipo de guerra subliminar.

Esta nova arma de guerra foi cuidadosamente criada pelo pensador comunista chamado Gramsci.

É aquela tática de repetir o argumento aparentemente ilógico.

Pela estupefação que causa da redução ao absurdo, produz o choque pela violação psíquica reduzindo as defesas mental e psicológica pelo efeito da paralisação diante do paradoxo paradigmático.

Então, os sofistas usam da paralogia para conduzir seus argumentos através de um elenco sofístico provocando a contradição pela redarguição.

Esta guerra de palavras usa da dicção da grita sem se importar com os argumentos.

Até levar o interlocutor à exaustão.

Então passa a incorporação dos argumentos contrários do próprio adversário para repetições de sua verbosidade erística agora sem resistência e sem o bloqueio intelectual anestesiado.

 Parece um truísmo que o universo seja complexo e ao mesmo tempo inteligente; podemos separar esses dois atributos e examinarmos cada um deles na perspectiva dialética.

O conhecimento humano fica perplexo diante da complexidade e da dimensão do universo.

Parece que nada de errado ou imperfeito acontece ali, parece que tudo ali está conectado e sincronizado.

Uma olhada mais acurada mostra também o caos que é o universo: explosões, destruições, colisões, dispersões, fusões, fissões e criações de novos universos.

Parece que tudo ali é permitido, e nós com as nossas leis universais sobre o universo, forças gravitacionais, leis das cordas, eletromagnetismo, fotônica, teorias do tempo, buracos negros, assim a nossa única esperança de entendermos o universo está confiada à lei do acaso.

Todas as vezes que nos deparamos com um fenômeno complexo apelamos para o acaso.

A teoria do acaso é tomada emprestada em quase todos os ramos do conhecimento humano, a partir da Matemática humana que não tem instrumentos para lidar com mais de três variáveis simultaneamente, não consegue equacionar um sistema de equações com mais de três equações independentes, não consegue solucionar uma equação com grau superior ao terceiro, não consegue resolver equações maior do que a integral tripla, assim o universo que foge ao nosso controle é muito maior do que aquilo que conseguimos controlar.

Nesse ambiente de incertezas as teorias que apostam no acaso ganham em charme e preferência; no campo político as teorias frouxas, ortodoxas e flexíveis conseguem sobreviver porque conseguem se adaptar às circunstâncias fortuitas, na verdade, elas não se adaptam, possuem vazios que podem ser preenchidos com qualquer coisa.

Estamos assistindo no início do séc. XXI, final de séc. XX uma mudança político-econômica que está sendo interpretada pelos diversos setores do estudo sócio-político como o início de uma nova era, para uns, como um retrocesso ao liberalismo mais radical, e para o terceiro grupo como o começo de um processo tão novo que não tivemos tempo para entendê-lo.

Como sempre acontece, os conservadores estão em vantagem: todas as vezes que ocorre uma mudança o nosso medo nos faz apegar-nos às coisas que conhecemos; os conservadores apelam para o medo do desconhecido, para os riscos de uma empreitada nova e o nosso conservadorismo nos impede de dar um passo arriscado, então nos parece que a melhor decisão é deixar os riscos para os outros.

O custo de participação nós deixamos para os pioneiros, porque os dividendos serão partilhados de forma universal, caso o empreendimento seja bem sucedido.

Nesse momento de mudanças políticas chegaram a chamar a nova era de neoliberalismo.

Pode ser excesso de cautela, mas, certamente, os dialéticos diriam que: nada se repete, tudo muda constantemente; que é das contradições internas que nascem as mudanças; uma nova síntese então está sendo gestada das contradições internas do embate entre o socialismo e o liberalismo; para haver o salto qualitativo tem que haver uma acumulação crítica de eventos quantitativamente que possam possibilitar este salto qualitativo; e por fim, nada pode ser destacado e isolado, tudo está ligado a tudo; da ideia de totalidade vem a compreensão do particular a partir do todo.

Passados os primeiros momentos depois da Queda do Muro de Berlim, da Perestroika, da Glasnost, do 11 de setembro de 2001, passados os momentos de certeza com relação aos novos blocos econômicos, das certezas da falência do Estado, da reafirmação da supremacia do mercado, estamos frustrados diante das velhas certezas; elas ruíram com a mesma velocidade com que nos foram convictamente asseguradas: os baixos salários e a flexibilização das relações legais de trabalho, o massacre e a destruição das convenções trabalhistas, a desmoralização e a perseguição das lideranças sindicalistas, nada disso criou novos postos de trabalho, todos viram despencarem as oportunidades de trabalho, o desemprego aumentou, as empresas transformaram a mão-de-obra em um produto descartável, porque os novos processos conspiram contra a utilização do trabalho humano, através de novos processos de administração da produção, com por exemplo, o toyotismo, como a robótica, e a nova distribuição internacional do trabalho, entre a criação e a execução em nível geográfico.

A minimização do Estado, a redução dos quadros, a redução da função empresarial do Estado, as privatizações e as terceirizações, ou seja: a desoneração do Estado não resultou nem na diminuição dos gastos do estado, nem da sua maior eficiência, e o pior: não reduziu o déficit público.

A prenunciada morte do Estado não evitou que a maior prova da intervenção do Estado na macro-economia novamente desmentisse todo o credo neoliberal de sua inutilidade no mercado; não existe intervenção maior do Estado na economia do que a guerra, simplesmente porque não existe guerra privada, toda guerra é estatal, e o que vemos acontecer no mundo senão guerras para mudar aquilo que a competição de mercado não conseguiu modificar, na política, na cultura, na religião, na economia e na sociedade.

Tudo que se esperava do novo Estado neoliberal foi acontecendo no sentido inverso.

Com relação à globalização, as relações
entre os estados tornaram-se perigosamente
protecionistas, os nacionais tornaram-se
mais importantes simplesmente porque a
globalização da economia aconteceu entre as
filiais da empresas transnacionais e não
entre as sociedades.

Parece que a globalização favoreceu
extraordinariamente ao capital financeiro,
em detrimento do capital produtivo e
reprodutivo e esta distorção foi sentida agora
depois dos gigantescos desastres sistêmicos
de:

a) Rússia,

b) Argentina,

c) México,

d) Coreia,

e) Japão,

f) Indonésia.

O capital especulativo ficou de tocaia
esperando que um a um os países sequiosos
por dinheiro quente para cobrir as suas
diferenças de balanço de pagamentos

causadas pelo mergulho cego na globalização, convencidos que foram os países do terceiro mundo do credo neoliberalista, ingenuamente, assim tiveram que desviar o orçamento dos gastos sociais para remunerar os capitais de aluguel, assim vimos a deterioração social crescer rapidamente nestes países: gangsterismo, sequestros, contrabando, tráfico de drogas, assaltos, corrupção, desvios, falta de assistência médica, escolas deterioradas, policiamento desmantelado, serviços públicos sucatados, este é o balanço do salto no escuro para trás, justamente quando faltou compreensão de que a nova mudança não é um salto para trás: mudanças bem sucedidas são feitas para frente, para o novo e não para o velho.

O sistema mundo é complexo demais para ser dirigido com os olhos no retrovisor, soluções novas para um mundo novo na nova era, porque os problemas complexos exigem soluções complexas, as soluções do passado serviriam para os problemas do passado que eram menos complexos que os problemas do mundo de hoje.

O universo é por demais complexo para imaginarmos que todas as soluções estão esgotadas; o fato de estarmos numa encruzilhada do tempo nos obriga a pensar olhando para o passado no sentido de não o repetirmos, mas para tirar lições dele e prosseguir na busca de soluções novas para um mundo novo e cada vez mais complexo.

Talvez essas soluções já existam, talvez nos falte coragem para acreditar nelas.

Não custa tentar.

Ao contrário do discurso triunfalista de Obama, a pujança da América não é fruto nem da sociedade, nem do governo nem do sistema.

Todos grandes feitos da tecnologia foram produzidos pela contra cultura marginal pelas mãos de jovens pobres, nerds e não graduados.

Estou falando dos gigantes da tecnologia:

    a) Microsoft;

    b) Apple;

    c) Google;

    d) Facebook;

e) Intel.

Todas nascidas no fundo de garagem sem fundos empresariais e sem conhecimento de administração de Harvard ou das aulas de planejamento de Yale. E tem Ford, Rockefeller, Howard Hugghes... Stanford, Yale, Harvard, UCLA.

Já perceberam que as grandes empresas multinacionais e transacionais só recrutam executivo provindo dessas grandes universidades para dirigentes de empresas que fazem sucesso justamente porque foram fundadas por pessoas que não se formaram ou que não estudaram nessas universidades de elite!

Neomercantilismo Neofeudal

Estamos retornando a uma era da qual nunca evoluímos, refira-se ao Mercantilismo, com todas as suas nuances formais e materiais.

Foi um sistema econômico e um regime político em que os princípios de reserva de mercado da produção medieval, e, de reserva de mercado de mão-de-obra de trabalho das guildas, e, de reserva de mercado da comercialização eram estabelecidos e garantidos pelas ligas comerciais transnacionais e trans-feudais que se combinavam com as reservas de mercado das organizações das guildas dos produtores de artesanatos como hoje se percebe em certos postos de serviços públicos, como as modernas espécies de reserva de mercado garantidas pelas modalidades de concessões e as permissões para taxistas e advogados, reservas de mercado para operarem redes de postos de gasolina, ou reservas de mercado de permissões para transporte de massa terrestres, aéreos e navais concedidos ainda por permissão e concessão dos Estados, para pretensamente regulamentarem os serviços e produtos como se vê na reserva de mercado para as atividades de rádio difusão e teledifusão através de ondas eletromagnéticas, estes monopólios e oligopólios estendem-se para setores de reserva de mercado de energia elétrica, água e esgoto sanitário, urânio, e alguns minerais e minérios estratégicos para o Estado.

Ainda fazem parte da reserva de mercado estatal: a justiça, as forças militares e o controle monetário nacional.

Como se vê, a livre iniciativa comercial, industrial, financeira e de serviços sempre estiveram de alguma forma cerceados ou pelos Estados nacionais, reinos, feudos, governos, sindicatos em forma de ligas de comerciantes ou de guildas de profissionais, cada vez que se tenta liberar uma atividade logo surgem duas outras condicionadas aos interesses de setores de reserva de mercado dos interesses monopolistas e oligopolistas.

Liberalismo é a maior utopia ainda tentada pela realidade da civilização humana terrestre não concretizada.

Sempre vai haver grupos tentando se proteger e tornar exclusivo a sua fonte de riqueza e de poder para si e para o seu grupo privadamente.

Grandes exemplos que costumam ser lembrados escondem do grande público aqueles que são secretos e preferiram se ocultar da sociedade e do mundo, como pode ser vista claramente a OPEP que se expõe publicamente, ao contrário de outras organizações que não se enxergam claramente como, por exemplo, os grandes players das bolsas de valores, fundos de pensão, carteis automobilísticos, carteis de periferias de fabricantes de autopeças, oligopólios de motores adiabáticos, cinco ou sete em todo o mundo, oligopólios de pneumáticos, sistemas operacionais para celulares, computadores grandes, médios e portáteis, tablets, telas de celulares de TfT, Led, Cristal-líquido, são monopólios invisíveis e discretos, programas e sistemas de redes sociais pela internet, a própria internet padrão único mundial sem concorrentes e sem similar no mundo.

Neste momento um grande movimento mundial quer abolir os motores a combustão interna movido a combustíveis fósseis orgânicos derivados do petróleo, nações estão com data marcada para encerrarem as produções de automóveis movidos a gasolina tais como: a Suécia, França, Alemanha e Japão já se decidiram pelo fim deste tipo de veículo.

No Brasil a enorme confusão da Petrobrás, que vende a gasolina e o seu alternativo o combustível álcool sem entender e deixar claro como pode vender dois produtos alternativos e mutuamente excludentes, precisa seguir uma orientação neste momento se deseja produzir ou vender apenas um deles, ou o combustível fóssil ou o álcool renovável e biosustentável.

Em pouco mais de cinco décadas não haverá mais interesse político pelo petróleo fóssil, embora ainda não se apresente no horizonte o seu substituto para a indústria de carboquímica e petroquímica para os derivados orgânicos que hoje são obtidos do petróleo, mas certamente o setor da indústria do petróleo está politicamente condenado à extinção.

Os produtos cartelizados de hoje: começam pelos

a) cartões de créditos,

b) sistemas operacionais de celulares e de notebooks, (Windows, Linux, IOS, Androide, W-CE),

c) moeda internacional (dólar, Euro),

d) microprocessadores,

e) pneus,

f) vidros planos,

g) aeronaves,

h) helicópteros,

i) reatores nucleares,

j) motores foguetes,

k) turborreatores,

l) turbinas,

m) foguetes,

n) radares AESA PAESA,

o) metais especiais (nióbio, tungstênio, Háfnio, terras raras),

p) petróleo e gás combustível,

q) portos e aeroportos,

r) petroquímica,

s) automóveis,

t) celulares,

u) satélites,

v) soja,

w) trigo,

x) milho,

y) minério de ferro,

z) minério de alumínio,

aa) instrumentos médicos,

bb) instrumentos científicos,

cc) cibertecnologia,

dd) artefatos nucleares,

ee) diamantes,

ff) compressores adiabáticos,

gg) café,

hh) cocaína,

ii) papel,

jj) chocolate,

kk) cerveja,

ll) açúcar,

mm) cinema,

nn) notícias,

oo) religião,

pp) música pop,

nunca vão deixar de serem produtos exclusivos dos carteis do mundo neomercantilista e neofeudal.

Corpo Teórico do Liberalismo

O utilitarismo forma uma das bases do liberalismo.

Esta base conceptual do liberalismo contém um dilema teórico que compreende as relações entre o dever e o prazer.

Nesta óptica o indivíduo faz um balanço entre o prazer e o dever e minimiza os deveres para obter um máximo de prazer, assim o balanço da utilidade ou da vantagem individual resume-se à economia de esforço para sair da desvantagem.

As bases do pensamento teórico utilitarista deixam sem resposta se o emprego do cálculo utilitarista, em vista da dificuldade de se tomar uma decisão que contrarie os seus princípios, pode tornar-se uma ameaça social, ou, uma ameaça à coletividade.

Justamente porque a minimização do dever pode fazer o indivíduo desestruturar a sociedade inviabilizando o progresso; ou, se a maximização sem limites do prazer pode tornar a competição no mercado selvagem e descontrolada, destruindo a ordem social pela ausência de regras e limites definidos.

A solução do liberalismo de Bentham para este dilema é que as pessoas, na sua grande maioria, são perfeitamente capazes de autorregulamentação, autocontenção, autocontrole.

A despeito disto é preciso reduzir-se o poder do governo na direção do individualismo democrático de obedecer pontualmente, para censurar livremente.

O conjunto de princípios utilitaristas juntamente com as ideias de liberalismo econômico, liberdade intelectual, tolerância religiosa deveriam estar centrados na questão do balanço entre a liberdade e a autoridade exercidas por quem não pode ter nenhum privilégio por ser autoridade (Estado, ou, governo minimalista).

O utilitarismo, consequentemente, aboliu a concepção de bem-comum e não consegue conceber o que seria o bem geral, nesse caso, esta concepção platônica torna-se um absurdo teórico para os utilitaristas, assim como a concepção de bem-comum de Rousseau na qual o homem saiu do estado-de-natureza onde era totalmente livre, para obedecer a um governante.

Para Bentham, isto seria uma troca irracional que transforma a ideia do contrato social numa aberração ou contradição na perspectiva utilitarista.

É a promessa da segurança que levaria ao contrato social.

Não é contrato social que criaria a expectativa da segurança.

Segundo os utilitaristas esta promessa de segurança é apenas um pretexto para tolher a liberdade.

Por isto a forma de governo proposta por Bentham deveria misturar democracia direta, monarquia e aristocracia.

A ideia de cheks and balances é pura quimera doutrinária em face da dificuldade de administrar-se um conjunto de interesses individuais distintos, dentro dessa ótica utilitarista.

Para Bentham o governo deveria restringir-se a proteger o direito à propriedade privada, pois a propriedade representa a poupança do trabalho realizado, ou dos privilégios de classe adquiridos ou confiscados alhures, e guardado para usufruto futuro, ou seja, o dever cumprido no passado que potencialmente pode ser transformado em prazer futuro, quando desfrutado. John Stuart Mill (1806-1873) formava, com aqueles que ele mesmo chamava de filósofos radicais, o grupo de utilitaristas trabalhando a teoria de utilidade através da perspectiva metodológica do dedutivismo.

Este processo de construção teórica envolvia a descoberta de determinadas leis naturais baseadas em um conjunto de axiomas psicológicos, os quais foram enunciados por Bentham e trabalhados por James Mill (1773-1836).MACAULAY, Thomas Babington (1800-1859) pensador contrário ao grupo dos utilitaristas, partiu deste conjunto de axiomas para fazer a refutação da teoria utilitarista com base nos princípios que engendraram a teoria utilitarista, principalmente aquele princípio segundo o qual as ações humanas seriam comandadas pela / para a busca da maximização do prazer. Considerada muito apriorística, superficial e irrefutável: um dogma não científico na perspectiva metodológica poperiana.

Não encontrava na análise histórica a prova de que as ações humanas, no passado, pudessem ser justificadas pelo princípio da busca do prazer, portanto, o que não poderia ser comprovado factualmente não passaria de conjectura solta num contexto subjetivo sem possibilidade alguma de uma generalização.

Admitiu Mill, John Stuart que este erro teria sido cometido por seu pai, James Mill, e atribuiu o equívoco ao método, não às conclusões.

A confusão metodológica girava em torno das alternativas em discussão que conduzissem à uma teoria histórica paradigmática: estavam em disputa o método histórico, a Filosofia da História e o Positivismo representados pela ideia da Física Social. Mill, John S., na tentativa de desfazer o equívoco, optou por misturar a abordagem histórico-filosófica combinada com a Física Social comteana.

A ideia de progresso da História através de etapas definidas, para Mill, John S., era básico no entendimento da Ciência Política.

A princípio, Mill, John S. distinguiu dois estágios de sociedade: o natural, onde os melhores líderes dirigiriam-na, e, o estágio de transição, onde não seriam mais os melhores que dirigiriam a sociedade, semelhantemente ao raciocínio comteano que buscara esta concepção sobre a evolução do desenvolvimento da civilização que partindo do estágio teológico e metafísico chegou ao estágio positivo, ou experimental, segundo esta corrente, Mill, John S. concluiu que mesmo existindo as condições para o progresso ele só surgiria através de ideias novas, dentro das condições de um clima de liberdade onde o balanço entre a estabilidade e a mudança deve ser administrado sem ameaçar a integridade do sistema social, iluminados pela Ciência Positiva e pelo ideal de História defendido pelos socialistas franceses, uma vez que o ideal de igualdade lhe parecia cada vez mais irreversível naquele momento efervescente de perspectivas de mudanças nas relações sociais, na perspectiva de uma democracia radical liberal dos utilitaristas.

O ideal de máximo de prazer com um mínimo de esforço precisava de uma revisão conceitual e teórica para adaptar-se aos princípios da Filosofia de História adotada por Mill, John S., já em sua fase revisionista de sua teoria de utilidade.

Propôs uma mudança de função do governo, de promotor do prazer e minimizador do dever. Para isto Mill, John S., recorreu às bases do epicurismo. Mill, John S., introduziu o fator qualidade para substituir o fator quantidade na definição do imperativo categórico do prazer dentro da sua teoria utilitarista revisada, com isto relativizou este fundamento (categoria analítica, ou imperativo categórico) da teoria utilitarista.

Segundo esta nova versão o prazer não seria um produto evidente, seria mais subjetivo, sofisticado e complexo.

Um prazer poderia ser, dentro deste novo entendimento, conseguido até mesmo com muito esforço e com o sacrifício de outros prazeres.

Prazeres superiores evidenciariam indivíduos superiores, que para alcançarem tais prazeres deveriam ser realmente livres.

Para isto acontecer o melhor governo seria aquele que fosse aceito pelos cidadãos, desejado e necessário para manter a ordem e promover o progresso, já que o progresso pressupõe ordem, segundo a concepção positivista, a segurança deve ser o objetivo do Estado; ordem significa, principalmente para os liberais, a defesa ao direito da propriedade privada e a liberdade para o funcionamento do mercado econômico.

O Psicologismo de Rousseau, em seu 'Discurso Sobre a Origem das Desigualdades Humanas', faz um ensaio sobre o processo de formação do Estado liberal referido ao valor da propriedade privada e ao contrato social que fundou o Estado liberal.

O marco da criação da sociedade e do Estado liberal, para Rousseau, foi quando surgiu a diferenciação de classes sociais, que foi o momento em que o homem deixou de ser coletor e passou a ser agricultor; começou a acumular, ou guardar para uso futuro, o produto de seu trabalho de caça, pesca, coleta e agricultura, formando um primeiro patrimônio.

A partir do momento que o homem deixou de ser nômade, e cercou / delimitou um pedaço de território para si e disse "isto é meu" então surgiu ali, naquele momento, a sociedade liberal, surgiu o Estado liberal fundado no reconhecimento da propriedade privada por uma autoridade criada para cuidar do direito de propriedade.

Segundo Rousseau a sociabilidade do homem não é uma habilidade ou característica natural; o estado da natureza caracteriza-se pela suficiência do instinto selvagem, ao contrário o estado de sociedade que caracteriza-se pela suficiência da razão iluminista, positivista, acima do instinto.

O homem natural é amoral, não compreende vícios nem virtudes, não precisa da sociedade nem do Estado.

O princípio da sociedade, e, dos vícios, surgiu com a posse de bens, ou seja, quando foi declarada a primeira propriedade privada, quando surgiu a diferenciação entre pobres e ricos, entre proprietários e não-proprietários.

Portanto, a desigualdade é quase nula no estado da natureza selvagem (estágio pré-socializado) do homem, as desigualdades resultaram da sociedade, das interações sociais; quando se fala em sociedade, fala-se em desigualdade, fala-se em pobreza e em riquezas, segundo Rousseau.

Para Robert Mitchels quando se fala em

organização, fala-se em hierarquia, quando se fala em hierarquia, fala-se em diferenciação social, fala-se em privilégios, portanto, fala-se em elites: não pode haver democracia num sistema organizado hierárquico, segundo Mitchels; para Rousseau, não poderá haver democracia fora do estado selvagem, ou seja, a sociedade é imanentemente antidemocrática segundo Rousseau.

Da vida social nasceram: a riqueza, a pobreza, a beleza ou lascívia, a dominação, a servidão, a paixão romantizada.

Da propriedade surgiu a necessidade de cooperação, a princípio, eventual, depois, de curto e médio alcance, depois, de longo prazo que ensejou a construção da sociedade, do Estado e do pacto social, ou, contrato social.

O paradoxo Rousseauniano consiste na negação do princípio de Mandeville onde este último defende a lógica da razão individual como primum movens do indivíduo, a despeito do efeito que isto causaria à racionalidade coletiva onde a racionalidade coletiva resultaria da somatória das lógicas individuais, necessariamente.

Para negar o princípio da racionalidade mandeviliana Rousseau nega qualquer racionalidade derivada da sociedade, pois o homem somente seria racional fora da sociedade, segundo o princípio de que as desigualdades sociais não guardam qualquer relação com as habilidades individuais que diferenciariam os indivíduos, quer dizer, não são as virtudes ou os vícios que criariam diferenciações sociais.

As diferenciações sociais, segundo Rousseau, são virtualidades criadas pela e para a sociedade artificial e fictícia sem fundamento na natureza. "A desigualdade não é legítima do ponto de vista natural".

É o efeito grupo-social que criaria as qualidades e defeitos da diferenciação socioeconômica dos indivíduos.

O Suicídio do individualismo

A lógica da razão individual pode levar à irracionalidade coletiva se olhada apenas pela razão individual, senão vejamos.

Mancur Olson explorou de forma definitiva

esta razão individual e as catástrofes que pode gerar em uma sociedade baseada apenas nas diretivas de mercado.

O mercado seria o lugar ou uma arena neutra de encontro e do confronto das demandas e das ofertas.

O mercado assim situado na perspectiva capitalista pós-feudal caracterizar-se-ia por um sistema de troca de produtos e serviços mediante o ajuste de preços médios que variam uniformemente a partir da função mercado que é ajustada a partir de duas variáveis: demanda e oferta.

A oferta consiste no volume total de determinada quantidade de mercadoria ou serviço que os produtores oferecem ao mercado ou que estão dispostos a vender; a procura ou demanda representa o lado dos compradores ou consumidores dos produtos e /ou serviços.

A lei da oferta e da demanda diz que quanto maior a oferta mais tende os preços a declinarem, quanto maior a demanda, mais tendem os preços a se elevarem (SANDRONI, 1999, p.379).

O equilíbrio entre a oferta e a demanda ocorre quando a quantidade ofertada iguala a quantidade demandada, determinando o preço justo no modelo de concorrência perfeita.

Concorrência perfeita Partindo do modelo de concorrência perfeita (muitos compradores incapazes de influírem individualmente no preço, consumidores que tenham acesso à informação completa sobre o preço e condições de venda; facilidade de locomoção de mercadorias ou de compradores, homogeneidade dos produtos.

Uma vez examinadas estas condições idealmente concebidas resta analisar a radicalidade destas concepções do mercado. Francois Quesnay (1694-1774) pregava o liberalismo baseado em dois princípios: propriedade privada e liberdade de ação.

Neste caso o Estado deve abster-se de influir nestes dois princípios.

A partir dos princípios de Quesnay o filósofo inglês Adam Smith (1723-1790) desenvolveu a obra-prima do liberalismo, o apotegma da mão-invisível.

A mão-invisível é um mecanismo metafísico do mercado capaz de harmonizar os interesses individuais e egoísticos, resultando no bem-comum que entrando no jogo do mercado dos fatores de produção (SANDRONI, 1999. P.565) enquanto imperasse a lei da livre concorrência, sem a intervenção atrapalhada do Estado, garantiria o equilíbrio natural do mercado.

O princípio da não-interferência

O conceito da mão-invisível de mercado criado por Smith e revisado por Arrow e Walrás continua presente na ideologia e no modelo econométrico do catecismo liberal. Não foi refutado, foi reformado.

As ideias do laissez-faire, laissez-passer baseiam-se no princípio da mão-invisível que explicaria a mística do equilíbrio geral dado pelas condições naturais do mercado perfeito.

O princípio da não-interferência é um paradoxo; e mais: é uma aberração, uma concessão à lógica.

Para que o princípio do equilíbrio endógeno dado pela mão-invisível seja possível é preciso negar a existência da premissa dos agentes autônomos que formam o mercado.

O princípio da mão-invisível compõe-se das seguintes premissas:

a) os agentes agem de modo egoísta e livres de interferências externas;

b) nenhum dos agentes possui mais recursos de decisão do que os outros;

c) Silogismo: o resultado das ações dos agentes endógenos e heterogêneos assim definidos em a e b é o equilíbrio que só será perturbado com a quebra de uma destas condições, ou pela ingerência de externalidades.

Ora, qualquer perturbação pode provocar o desequilíbrio, inclusive a perturbação causada pela ação de qualquer agente endógeno no seu livre e cotidiano exercício de agente do mercado. Partindo-se do princípio de que qualquer demanda é uma perturbação e que qualquer oferta seja uma perturbação no mercado, tanto que qualquer destes atos provoca o sistema a buscar um novo ponto de equilíbrio, então pergunta-se: em que outra condição o mercado pode estar em seu ponto de equilíbrio?

Teremos que examinar as seguintes hipóteses:

1. O indivíduo racional não sabe o que é melhor para si ao fazer escolhas;

2. O indivíduo racional não tem ideia ou disposição em custear os efeitos colaterais indesejáveis ou não-antecipados de suas decisões;

3. O indivíduo racional não pode saber de todas as suas opções de escolha;

4. O indivíduo racional deseja obter o máximo de vantagens ao fazer sua escolha;

5. O indivíduo racional faz a sua escolha sem levar em conta as escolhas dos outros indivíduos;

6. O indivíduo racional faz as suas escolhas baseado estritamente nas escolhas da maior parte dos demais indivíduos;

7. O indivíduo racional não pode saber antecipadamente as consequências de sua escolha para si;

8. O indivíduo racional não pode saber antecipadamente as consequências de sua escolha em relação à maioria dos indivíduos;

Assim, o individualismo metodológico espera que os indivíduos continuem a agir racionalmente em sua ótica racional individual, sem interferência de regras predefinidas e sem controle de uma autoridade, a princípio, sem nenhuma limitação. Atos conexos Lista de atos e decisões individuais racionais tidas como inconsequentes e econômicas, do ponto de vista individual em relação a cada caso citado respectivamente.

1) O indivíduo racionalmente joga no chão da rua uma ponta de seu cigarro. Calcula que uma ponta de cigarro não pode sozinha causar danos ao sistema de captação de águas pluviais da cidade;

2) O indivíduo racionalmente coloca o seu automóvel em funcionamento acreditando que a contribuição da produção de calor e de gases carbônicos do motor de seu automóvel não pode sozinho contribuir para piorar as condições ambientais devido à

insignificância de sua participação na
poluição do meioambiente;

3) O indivíduo racionalmente desvia a água
de chuva de seu quintal para o sistema de
captação de águas de esgoto sanitário
doméstico, calculando que se somente ele o
fizer não causará pesados danos ao sistema
de esgotamento sanitário urbano;

4) O indivíduo racionalmente calcula que ao
retirar o lixo doméstico de sua casa e ao
entregá-lo ao sistema de coleta de lixo
urbano resolveu o problema de resíduos
definitivamente assim que o caminhão de
coleta desaparece ao dobrar a esquina da rua
onde mora;

5) O indivíduo racionalmente calcula que o
seu voto em qualquer candidato não vai
modificar nem alterar o resultado final das
eleições, pois a sua participação no processo
eleitoral é celular e infinitamente
desprezível;

6) O indivíduo racionalmente calcula que
adquirindo aquele modelo de automóvel
mais comercializado conseguirá alta liquidez
quando precisar negociá-lo;

7) O indivíduo racionalmente calcula que ao passar no semáforo fechado obteve uma vantagem, se não causou acidente nesta passagem.

8) O indivíduo racionalmente calcula que ao fazer um pequeno empreendimento irregular, de pequena monta, não causa perturbação ao sistema fiscal;

9) O indivíduo racionalmente calcula que ao decidir ter um filho, ou mais um filho, não contribui individualmente para a superpopulação da Terra, nem produz significativamente um aumento pela demanda dos serviços urbanos de seu município e na perspectiva de impacto das políticas públicas e no contexto internacional;

10) O indivíduo racionalmente calcula que ao adquirir uma unidade de produto pirata ou proibido ilegalmente está fazendo algo insignificante e irrelevante.

11) O indivíduo racionalmente calcula que a sua decisão por uma carreira profissional muito concorrida e com excelentes perspectivas de alta remuneração não está deslocando a distribuição significativamente

da repartição do trabalho social, e das tarefas do trabalho social;

12) O indivíduo racionalmente calcula que ao buscar um atalho não deverá ser seguido por outras pessoas, ou por uma quantidade significativa de pessoas;

13) O indivíduo racionalmente calcula que aquele pequeno desperdício de água para lavar a sua calçada ou o seu automóvel não causará grandes danos para a preservação das reservas de água disponível para toda a população;

Vamos à análise das consequências da agregação dessas decisões individuais que a princípio, na perspectiva de cada indivíduo de per si, não representavam grandes riscos para a sociedade.

1) O acúmulo de grande quantidade de pontas de cigarros, durante muito tempo, somadas, produz o entupimento dos bueiros e das canalizações de escoamento das águas pluviais, representando riscos de danos graves em caso de uma chuva, mesmo leve, podendo atrapalhar o tráfego de veículos e pessoas nas ruas, ou causar sérios danos de destruição do pavimento e das calçadas pela

torrente de água, lembrando que cada metro cúbico de água pesa uma tonelada, e que esta massa se movimentando a 10 km/h representa uma energia cinética de exatamente 3858,02 kg de força, suficiente para arrastar qualquer automóvel e caminhonete. Esta mesma quantidade de água se movimentando a 20 km/h produz uma energia cinética (força equivalente) de 15432,09 Kg.

2) Assim, agregando a decisão de todos os indivíduos, é que chegamos a cerca de cinco milhões de veículos colocados por ano nas ruas do Brasil.

3) Em uma cidade com cem mil domicílios, ou seja, com uma população de aproximadamente 500 mil habitantes, seriam despejados cerca de dez mil litros de água por minuto, adicionais, no sistema de coleta de esgoto, o que por certo, se não causar uma paralisação do funcionamento do sistema de tratamento de esgotos por excesso de água, poderá causar um colapso no próprio sistema de captação de esgoto, levando ao transbordamento das artérias do sistema. Seria a catástrofe urbana mais

indesejada, por tudo que isso representa para a saúde pública.

4) A destinação do lixo representa hoje para a humanidade um de seus maiores desafios, enquanto não resolvido, e já se sabe que existe pelo menos uma gigantesca ilha artificial formada de resíduos que desemborcaram no Oceano Pacífico, drenada pelos rios e escoadouros de águas pluviais urbanas, com aproximadamente dez km de comprimento e pelo menos 1 km de largura, formada principalmente de resíduos plásticos, que cruza a rota dos navios e que pode ser vista até da Estação Espacial Internacional.

5) A vitória de qualquer candidato é o resultado da somatória de cada voto contabilizado, portanto, cada voto contribui para o resultado, seja ele qual for, em uma eleição.

6) Assim, os modelos mais vendidos determinam um padrão de mediocridade, pois que o que mais conta é a liquidez no momento da oferta no mercado de usados, assim vimos serem desprezados qualidades intrínsecas como assessórios de segurança,

conforto, acabamento, qualidade de construção, de projeto e de materiais, em função do efeito grupo, em que a quantidade de veículos no mercado faz com que suas qualidades se resuma apenas em ser o mais vendido, muitas vezes defeitos graves são relevados e ocultados, naquelas características típicas de veículos de determinada marca, e até mesmo os consumidores são convencidos das qualidades subjetivas, que na verdade são condicionadas pelo custo de fabricação do modelo popular.

7) Ao burlar uma convenção de trânsito, o condutor colocou em xeque todo o sistema de hand cap que são os acordos estabelecidos no contato social que se baseia no princípio que cada qual iria dar a sua parcela de tempo para que o outro veículo, de tempos em tempos, tenha a preferência, assim cada qual cedendo uma fração de seu tempo permite que as vias de trânsito possam fluir sem congestionamentos paralisantes e irracionais.

8) É por este motivo que setores econômicos entraram em total ou quase total colapso,

como: videolocadoras, indústria de Compact Disc de músicas, comercialização de DVD, indústria de cigarros, são setores que quase desapareceram por causa da pequena e insignificante decisão, quase inocente de cada consumidor de per si. O gigantesco tráfico de drogas, de produtos contrabandeados, falsificações de dinheiro, perfumes, relógios, tênis, roupas, peças mecânicas, roubo de patentes e modelos industriais. Causam a destruição de empregos, evasão de divisas, contravenção, corrupção e suborno.

9) Cada ser humano aqui presente, foi o resultado de uma decisão que parecia não agravar nem destruir os programas sociais de uma nação. Mas, quando agregamos todas estas fatalidades no total já somamos mais de sete bilhões de habitantes na terra, a maioria obrigada a depender de outro provedor ou do Estado, para a sua subsistência e sobrevivência. Mas ninguém se sentiria culpado nem percebe a sua parcela de contribuição para um número inimaginável de pessoas na Terra.

10) Ele estará aumentando ou agravando o já

gigantesco problema do mundo das falsificações, fraudes fiscais, tráfico e das contravenções, suprimindo milhões de empregos no mundo e destruindo setores inteiros da economia produtiva.

11) Imagine todos os estudantes em condições de prestar o exame de ingresso na universidade o fizessem para o curso de Medicina! As outras profissões, depois de algum tempo logo ultrapassariam o valor-trabalho de um médico, distorcendo totalmente o mercado de salário dos médicos, em prejuízo de todos, logo em seguida, faltariam médicos, à medida que uma outra profissão menos qualificada estaria remunerando muito melhor que a remuneração obtida pela população majoritária de médicos.

12) Um atalho sempre é um meio econômico de burlar alguma regra ou uma convenção, e esta vantagem indevida estimula os que estão cumprindo a regra que se sintam em desvantagem a fazerem o mesmo, invalidando a regra ou convenção que regularia e beneficiaria a todos somente se todos a tivessem cumprindo.

13) Em uma cidade com cem mil domicílios é fácil prever que se todos agirem da mesma forma a quantidade de água perdida seria multiplicada por igual valor, numa escala catastrófica para toda a cidade.

A agregação das racionalidades individuais sem considerar o efeito em conjunta delas, não é suficiente para desestimular as pessoas a agirem em escala racional coletiva. Por isso é necessária uma autoridade para impor pequenas desvantagens individualmente aos cidadãos para que a racionalidade coletiva não seja destruída pela racionalidade individual.

A mão-invisível apenas destrói a lógica coletiva social. Postado por professor Roberto às Sexta-feira, Dezembro 09, 2011 Marcadores: Liberalismo, lógica da ação coletiva, mercado, racionalidade coletiva, racionalidade individual, sociedade, societarismo, utilitarismo

Entrevista com o economista Luiz Gonzaga Belluzzo

Quem poderia imaginar, nos anos 1980, um banco central americano ou, em menor medida, um banco central europeu, fazendo "quantitative easing"? Vamos supor que

o Friedman estivesse vivo, ainda. Ele recomendava que se jogasse dinheiro de helicóptero. Mas a economia não reage, porque o temor de uma desvalorização da riqueza fictícia acaba travando o gasto. As famílias não têm como, porque estão muito endividadas, as empresas não têm estímulo, porque a perspectiva das economias é ruim. Por outro lado, durante esse período, transferiu-se boa parte da produção manufatureira do mundo para a Ásia. Se você pegar a taxa de investimento das empresas dos Estados Unidos na Ásia e comparar com a taxa de investimento nos Estados Unidos, você entende tudo, na hora, porque é claro que elas não vão produzir mais caro nos Estados Unidos quando elas podem exportar [a partir da produção em países com custos relativos mais baixos]. O sistema empresarial americano vai muito bem obrigado. Está com quase US$ 4 trilhões de caixa. E a economia americana escorrega, parece que vai, mas não vai, cria empregos precários, não consegue absorver os chamados "missing workers", que são quase 6 milhões e que estão fora do mercado de trabalho. Então, quando eles mostram a taxa de desemprego, é uma brincadeira, porque estas pessoas estão fora faz muito tempo. Então, o capitalismo hoje é uma espécie de cruzamento da "mula-sem-cabeça" com o bicho-preguiça... (risos) Por quê? Porque, por um lado, você tem essa bolsa americana abastecida por liquidez abundante e barata produzida pelo FED, e, por outro, uma falta de dinamismo impressionante, que não é verdade para toda a economia global – a China, por exemplo, ainda nesse ambiente, não sei até quando, continua se valendo de suas vantagens acumuladas nos últimos anos para exportar, inclusive para nós... A Morte das Utopias Democráticas Em que pesem as variáveis e as teorias econômicas tentando construir uma alternativa racional para mapear minimamente o comportamento macro e micro econômico, a premissa para qualquer estudioso e para qualquer especialista em Economia é *considerar a variável independente capaz de distorcer qualquer modelo de comportamento macroeconômico, e microeconômico por sinestesia. Tudo isto porque que de simples variável na verdade poderia esta variável ausente das teorias ser ela de per si uma nova teoria ausente na historiografia das teorias econômicas. Eu me refiro a única ação humana que desenhou, redesenhou e continua balizando as fronteiras e as divisas territoriais na humanidade desde que o ser humano começou a escrever a palavra História. Não tem sido outro fator, ou elemento, ou condicional ou variável senão as guerras, sejam quentes ou frias, diretas ou indiretas, détènte ou contenciosos que demarcaram as fronteiras físicas geopolíticas em toda a História humana. A guerra é vinculante à hegemonia econômica. Não dá para descolar o peso do dólar nas transações internacionais sem desconhecer o aspecto vinculante da rede de capilarização da circulação do dólar para movimentar os 167 países e 1147 instalações militares dos EUA em todo o mundo. Imagine os problemas de câmbio que teriam se tivessem que trabalhar com mais de cem moedas diferentes para fazer esta logística. Poucos países no mundo não possuem uma base militar dos EUA. Assim, quando determinaram o bloqueio comercial dos países da UE e da OTAN à Rússia por esta estabelecer um território associado na Crimeia, o comércio dos países afetados automaticamente ficou redirecionado para outros países, inclusive e principalmente os USA. Como se pode falar em modelos econômicos liberais se a Polônia não pode exportar as suas maças para a Rússia porque a Rússia invadiu a Crimeia, ou porque os turistas Russos não podem mais visitar a Turkia porque um jato russo de combate foi abatido por um membro da NATO? Qual o papel central da geopolítica na economia internacional, seu peso na produção industrial e na política industrial e o papel dos tigres asiáticos, dos novos tigres da Indochina, do deslocamento industrial para a China? Não estamos falando do comércio de armamentos e de produtos estratégicos, estamos falando de uma matriz de fluxo de comércio que segue o rastro das alianças político militares de interesse do departamento de Estado dos USA, cujas primeiras medidas contra os seus desafetos sempre são o bloqueio total econômico e comercial, e o congelamento das divisas seguido das pressões diplomáticas e jurídicas. Sem estas condicionantes nem adianta se pensar isoladamente em modelos econômicos acadêmicos. O único modelo econômico internacional que existe foi aquele elaborado pelo departamento de defesa dos EUA. Os EUA são insensíveis às sansões e decisões de instâncias internacionais contrárias aos seus interesses, decisões e leis sem poder coercitivo são completamente ineficazes. Setenta submarinos, onze portaviões atômicos, 13 mil aeronaves, um milhão e oitocentos mil militares, cem destroiers, sete mil ogivas nucleares, setecentas bombas nucleares de queda livre, tudo isto para perturbar, intimidar, alterar as variáveis militares, políticas, diplomáticas, ameaçar, destorcer, proteger seus interesses em todo o mundo, e ainda desejar que os modelos econômicos dêm conta sozinhos do comportamento do comércio e da diplomacia internacional. Seria o mesmo que o vizinho do chefe do tráfico no Morro do Dendê no Rio de Janeiro se sentasse com um singelo morador do morro, para negociar a lei do silêncio com este simplório pai de família, e negociasse uma trégua nos disparos de arma de fogo, considerando a condição de perigo para as criancinhas desprotegidas do morro. Não seria apenas ingenuidade: seria insensatez.*

Como americanizaram o mundo depois da Segunda Guerra Mundial

Norte americanos fracassaram quando tentaram americanizar o mundo apenas quando tentaram transformar a sua campanha internacionalista em guerra ao comunismo, para descobrir que mais à frente teria que declarar outra frente ideológica de guerra ao imperialismo russo-chinês, e agora se vê obrigado a declarar guerra ao islamismo.

Foram três frentes?

Comunismo, imperialismo e religião?

A resposta não é simples.

Reunir os inimigos em uma frente e designar um nome e um objetivo são essenciais para uma democracia liberal protestante cristã poder motivar a população, convencer as forças no congresso e justificar moralmente a guerra.

O objetivo de todo império é a dominação mundial.

Os EUA já o tem, através do dólar.

Mas, os políticos e os generais americanos

ainda não sabem disso.

A partir desta e de outra posição equivocada desperdiçam vidas, tempo e recursos e por isso colocam todo o mais a perder, inutilmente e desnecessariamente.

Foi a coalisão pós guerra, - segunda grande guerra, que casualmente, e de modo não previsto e não antecipado pelos estrategistas norteamericanos, justificados pela outra guerra, a guerra fria, - que imediatamente os inimigos da humanidade se tornaram num piscar de olhos os seus esteios na política de paz internacional, Alemanha e Japão, na luta contra a União Soviética e China Comunista.

Não se sabia na ocasião que a luta do império americano não deveria ter sido essa. Agora se sabe que os comunas nunca foram os seus inimigos.

Coitado do Vietnã, Camboja, Coreia, Tailândia, Rússia e China que tiveram e que enfrentarem em guerras quentes e guerras frias, desnecessariamente a Europa e os EUA e seus caudais menores arrastados para a fogueira equivocada, causando dissenções entre países do terceiro mundo que viram no socialismo a ponte mais rápida para o bem estar social que somente o capitalismo de mercado realizou até hoje na civilização terrestre.

A estratégia de Washington mirou no que viu e acertou no que não viu.

Foi a reconstrução da Europa e do Japão que garantiram o império Americano, não a guerra fria nem as guerras no sudoeste asiático.

Plano Marshall, este fora o criador do maior império de que se tem notícia na história da humanidade.

Lição não conhecida, acreditava Washington que lutara na guerra fria, mas a vitória foi ganha no plano Marshall.

O dólar norteamericano sobrestou não somente a libra esterlina como todas as moedas, só agora o Euro e o BRICS e o seu sistema de bancos ainda em criação começam a estabelecer a verdadeira ameaça ao império americano, que jamais conheceu da ameaça do comunismo ou do islamismo.

Vivemos desde sempre dois mundos. Os dois únicos possíveis segundo Heinrich Karl Marx: o mundo dos ricos e o outro, o mundo dos pobres.

Heinrich Karl Marx já tinha fornecido a pista mas Washington não lê o velho Karl.

Pessoas satisfeitas, com a barriga cheia de comida, ruas sem mendigos, e famílias felizes são o único antídoto contra todos os extremismos: contra o comunismo, contra o islamismo, contra o pentecostismo, contra o sindicalismo, contra o caudilhismo, contra ditaduras, contra os radicalismos, contra os fundamentalismos, assim, a miséria é a maior fomentadora das revoluções e dos governos instáveis antiamericanos por tudo que a América representa, não como império, mas como o lugar de sonho dos oprimidos famintos do mundo inteiro.

Agora que fora identificada a verdadeira ameaça aos valores democráticos e à liberdade, resta reconhecer que acabar com a miséria é acabar com o comunismo, pentecostismo, islamismo, e todos os ismos da exacerbação emocional, política e econômica.

Washington passou bem perto.

Não viu a solução que ela mesmo inventou, e que poderia ter evitado a Segunda Guerra mundial e a Primeira Guerra Fria.

Pessoas satisfeitas não deixam o governo ir à guerra nem se envolvem em extremismos inúteis e dispendiosos.

Agora não adianta tentar entender homens bomba, onze de setembro, Hafez Assad, Bin Laden, Saddan Hussein, Hitler, nenhum destes teriam terreno tão fértil como se encontra em um país miserável e abandonado aos maus políticos demagogos e egoístas. Início do artigo "Free vehicle bill off sale" Fontes: TomDispatch, autor: Andrew J. Bacevich :: Asia Times Online, autor: M.K. Bhadrakumar :: RT, autor: Pepe Escobar Recordemos que, quando os EUA lançaram sua Guerra Global ao Terrorismo logo depois do 11 de setembro, o lançamento acompanhava uma agenda grandiosa.

As forças norte-americanas imporiam dali em diante, a todos, um conjunto específico e exaltado de valores.

Durante o primeiro mandato do presidente George W. Bush, sua "agenda liberdade" constituía o alicerce ou, no mínimo, a justificativa, da política norte-americana.

O tiroteio só pararia, Bush jurava, quando países como o Afeganistão tivessem aprendido a não dar abrigo a terroristas anti-EUA, e países como o Iraque tivessem parado de encorajá-los.

Alcançar esse objetivo significava que os habitantes desses países teriam de mudar.

Afegãos e iraquianos, seguidos na devida ordem dos fatos por sírios, líbios, iranianos e incontáveis outros povos abraçariam a democracia, todos os direitos humanos e o estado de direito, ou seriam dinamitados.

Pela ação concertada do poder dos EUA, todos esses países seriam tornados outros – mais assemelhados aos EUA e mais inclinados a concordar conosco.

Cada vez menos Meca e Medina, cada vez mais "nós defendemos essas verdades" e "do povo, pelo povo".

Nisso Bush e outros do seu círculo mais íntimo juravam crer.

No mínimo, alguns deles, provavelmente até o próprio Bush, talvez realmente cressem.

A história, pelo menos os fragmentos e pedaços que os norte-americanos viram acontecer, parecia confirmar tais expectativas, com um mínimo de plausibilidade.

Semelhante transferência de valores já não acontecera, sem tirar nem pôr, depois da 2ª Guerra Mundial, quando as derrotadas Potências do Eixo tão rapidamente se atiraram ao colo do lado vencedor?

Já não acontecera também nos estertores da Guerra Fria, quando comunistas comprometidos sucumbiam à sedução do consumismo e da distribuição trimestral de lucros?

Se o mix apropriado de sedução e coerção lhes fosse servido, afegãos e iraquianos, eles também, com certeza seguiriam o mesmo caminho que antes bons alemães e lépidos japoneses seguiram e que, depois, também tchecos cansados de repressão e chineses cansados de só desejar também seguiram.

Uma vez libertados, afegãos e iraquianos gratos se alinhariam também a uma concepção de modernidade da qual os EUA haviam sido pioneiros e hoje exemplificam.

Para que essa transformação acontecesse, contudo, os restos acumulados de convenções sociais e arranjos políticos que tanto haviam retardado o progresso teriam de ser varridos para bem longe.

Esse era o objetivo que as invasões do Afeganistão (Operação Liberdade Duradoura!) e do Iraque (Operação Liberdade Iraquiana!) foram concebidas para atingir num só golpe, por militares como o mundo jamais antes vira (bastaria ouvir o que Washington dizia).

Power of War, POW, Poder da Guerra!

Por extensão, em circunstâncias nas quais as forças dos EUA são demonstradamente incapazes de vencer guerra alguma, ou onde os norte-americanos se neguem a admitir qualquer gasto adicional de sangue norte-americano – hoje, no Oriente Médio Expandido, as duas condições acima se aplicam -, a conclusão será que nada temos de fazer lá (seja onde for).

Fingir que alguma outra coisa seria melhor solução é jogar dinheiro bom onde já se perdeu dinheiro ruim, como um famoso general norte-americano disse certa vez, para guerrear (ainda que indiretamente) "a guerra errada, no lugar errado, na hora errada e contra o inimigo errado."

É o que os EUA vimos fazendo já há várias décadas em grande parte do mundo islâmico. Fim do artigo epigrafado....

Erraram agora novamente com relação às conclusões. Um vez conquistado o estado do bem estar social o ser humano não se importa se vive em uma democracia liberal, ou não, pessoas no Reino Unido não se importam em pagar mais de quarenta por cento de imposto de renda, na Dinamarca as pessoas não se importam em pagarem mais de cinquenta e cinco por cento de imposto de renda.

Menos de trinta por cento dos adultos aptos a votar se interessam pelas eleições nos Estados Unidos da América.

De onde vem os conceitos de que a democracia liberal produz a felicidade humana se não existe a comprovação disso na História?

Nem sequer os direitos sociais de gênero são capazes de abalar a tranquilidade da supermachista sociedade japonesa.

Onde está o modelo de sociedade baseado em arranjos sociais se a economia é o fator estrutural?

Ponto para Karl Marx.

O elemento econômico é estrutural pra qualquer sociedade.

Todo o resto é subestrutural, para usar a

terminologia marxista, a economia é superestrutural, e o estado é a estrutural.

Moralidade

O que é moral?

Moral é um comportamento (ação, ou abstenção) conscientemente adotado diante de regras objetivas estabelecidas.

Tal comportamento moral nada mais é do que a interpretação diversa e pessoal, de cunho intrinsecamente subjetivo e consciente que modifica as normas de acordo com a conveniência pessoal de modo diverso das normas objetivas.

Desde o Mito da Caverna de Platão (Aristocles) ficou claro que o mundo é um conceito criado por cada indivíduo, dado que a percepção da realidade por cada pessoa depende da sua capacidade de compreensão e da sua apercepção da realidade.

Portanto a realidade é única para dado indivíduo.

Não existe o objeto concreto, real senão

como uma representação do fato objetivo no processo subjetivo de reconhecimento do mundo.

Schopenhauer em seu livro famoso O Mundo Como Vontade de Representação, Kierkgaard, Husserl, Hidegger estes todos denominados fenomenologistas, incluindo Platão e Kant, controversamente expressa fenomenologicamente, ou seja, subjetivamente, do que eles discordam entre si dentro dos limites da interpretação e da reinterpretação subjetiva, do que representa para si da realidade e da Fenomenologia, termo somente revelado por Husserl.

Assim, o conceito de moral somente pode ser entendido como a internalização no sujeito das expectativas de comportamento em sociedade, ou seja: a sua visão utilitarista individualista e egoísta sob as quais se baseia o seu sistema pessoal de tomada de decisões.

Para se evitar esta liberalidade de interpretações sobre o que cada indivíduo deveria decidir sobre aquilo que é melhor apenas para si sem considerar as consequências fora de seu âmbito pessoal e que poderia contrariar os seus interesses particulares, então para que todos tenham os mesmos direitos e utilidades assegurados em conjunto, para que o coletivo ganhe em detrimento do sacrifício das prerrogativas de cada um em particular, surge a saída chamada Ética que é a prática coletiva e obrigatória que impõem a cada um dos indivíduos em particular a perda de parte de seus privilégios e a supressão de alguma prerrogativa ou a perda de parte de seus direitos para que a soma de todas as utilidades individuais não resulte em prejuízo coletivo.

Como cada indivíduo de per si seria incapaz de fazer este cálculo de utilidade coletivo a partir de sua visão particular do que seria uma vantagem apenas para si, as regras da Ética precisam ser acatadas a despeito do cálculo individual que cada um faria tendo em vista do sacrifício que teria que fazer para o bem que indiretamente lhes seja compartilhado no coletivo.

Este cálculo de utilidade não permite que um indivíduo egoísta reconheça claramente as vantagens para o coletivo, por isso as regras da ética são impositivas e geralmente impõem alguma desvantagem na entrada (meios) que se transforma em vantagem na saída (fins).

Na Ética os meios justificamos fins.

Nada pode ser bom se forem usados meios inaceitáveis eticamente.

Eu me pergunto como se sentiram os cristãos católicos e protestantes diante da realidade da escravidão do século dezoito.

Eram famílias de europeus brancos, rezando e fazendo as suas penitências e ordenanças rituais domingueiramente, ali contritos, rezando e orando, mesmo que naquele mesmo momento eram negados a mesma humanidade e o direito de culto aos seus escravos ali perto nas senzalas, nos depósitos de escravos, lhes era negada a dignidade de se vestirem, de comerem à mesa, de terem uma família, de se amarem,

de casarem, de terem afeto, de terem
sentimentos, eram corpos sem direito às
suas religiões, a se casarem, eram ora
mercadorias, ora bens de troca, vendidos e
comprados como cavalos, eram examinados
nus como quaisquer animais de trabalho.

Então a ética é uma circunstancialidade,
que depende da convenção social temporal
e geográfica?

 Não existem valores absolutos para a ética?

Claro que existem os valores absolutos, e
estes valores absolutos quais foram
violados, são os: direito à vida, à
propriedade privada, direito a autonomia,
direito de escolha e direito à inviolabilidade
pessoal.

Sempre existiram todo o tempo tais direitos
desde que o sapiens deixou a caverna e
iniciou-se na vida em conjunto, em grupos,
em comunidades, em clãs, em sociedade
tais direitos inalienáveis e inegociáveis
sempre existiram desde então.

Ocasionalmente os esquemas sociais
tentam flexibilizar tais direitos pelo uso da

força coercitiva, através de guerras de dominação sobre outros grupos quando se impõem a submissão que se inicia pela escravidão, servidão sexual e pela tributação exclusiva dos povos e nações derrotadas em confrontos e conquistas de espólios da guerra e conquista.

Escravidão e servidão não foram atos inocentes nem foram atos contingentes, foram atos antinaturais e premeditados em quaisquer circunstâncias, por que não eram universais, excluíram os parentes, os membros mais queridos dos clãs, das famílias, da elite, eram castigos impostos aos inimigos e aos estrangeiros mal quistos.

A Igreja Católica Apostólica Romana não os possuía, mas não assumiu a condenação da escravidão negra.

Confissão tácita da consciência da maldade e da discriminação causada pelo sistema escravagista. Nem tudo aquilo que é acolhido e chancelado pela sociedade pode ser aceito como ético e moralmente correto.

São princípios invioláveis: a integridade física, a integridade mental, a integridade psíquica, a integridade sexual, a integridade emocional, a integridade da autoimagem, a integridade das crenças, a integridade cultural, a integridade étnica, a integridade da escolha, a integridade parental, a integridade da propriedade material, a integridade da propriedade intelectual, a integridade da propriedade artística-cultural, a integridade do domicílio, a integridade do uso do tempo, a integridade da atividade laboral, a integridade da atividade profissional e a integridade intelectual.